Coole Comics zeichnen und erzählen

Nina Dietrich

COOLE COMICS ZEICHNEN UND ERZÄHLEN

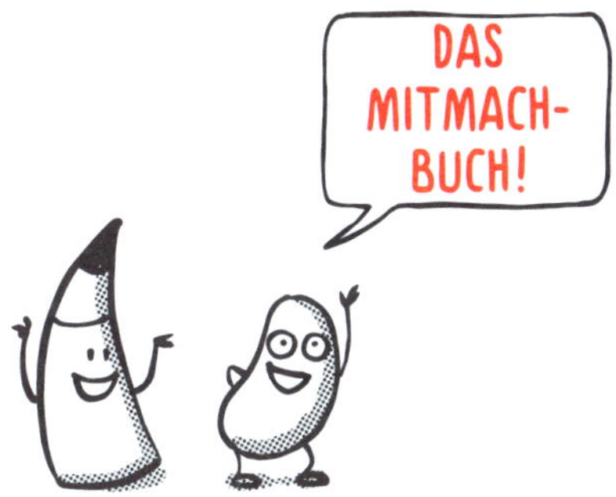

mitp

Bibliografische Information der Deutschen Nationalbibliothek

Die Deutsche Nationalbibliothek verzeichnet diese Publikation in der Deutschen Nationalbibliografie; detaillierte bibliografische Daten sind im Internet über http://dnb.dnb.de abrufbar.

Bei der Herstellung des Werkes haben wir uns zukunftsbewusst für umweltverträgliche und wiederverwertbare Materialien entschieden.

Der Inhalt ist auf elementar chlorfreiem Papier gedruckt.

ISBN 978-3-7475-0710-0

1. Auflage 2024

www.mitp.de

E-Mail: mitp-verlag@sigloch.de

Telefon: +49 7953 / 7189 - 079

Telefax: +49 7953 / 7189 - 082

Lektorat: Sabine Schulz

Korrektorat: Nicole Winkel

Coverbild und Layout: Nina Dietrich

Druck: ADverts in Riga, Lettland

Druckprodukt mit finanziellem
Klimabeitrag
ClimatePartner.com/18246-2404-1005

INHALTSVERZEICHNIS

EINLEITUNG

Comiczeichnen ist toll ...

... und gar nicht so leicht.

Im Laufe vieler Comic-Zeichenkurse, die ich gegeben habe, tauchten bei meinen Studentinnen und Studenten oft ähnliche Fragen auf:

- Wie und mit was fange ich an?
- Kann ich es zeichnen, auch wenn ich »keinen Stil« habe? (Ja.)
- Ich habe eine Figur. Wie erzähle ich damit eine Geschichte?
- Wie finde ich einen Anfang und einen Schluss?
- Wieviele Bilder braucht es?
- Wie kriege ich überhaupt alles in die Kästchen?

Mit ein bisschen Schubs und Tricks können alle, die wollen, lustige, überraschende, berührende und spannende Geschichten umsetzen.

Ich habe gesehen: Comiczeichnen hat erstens deutlich mehr mit Geschichtenerzählen zu tun als mit schönen oder toll gezeichneten Figuren.

Ein wichtiger Teil ist zweitens, (viele) Zeichnungen und den Arbeitsablauf so zu planen, dass du die Lust daran behältst.

Drittens: Nicht alle, aber die meisten Leute machen Comics, damit andere sie gerne und auch zu Ende lesen. Dazu sind ein paar Techniken schon hilfreich.

Vieles, das meinen Studierenden beim Durchstarten zum Comiczeichnen geholfen hat, findest du in diesem Buch.

Aber statt (zu) viel Theorie habe ich eine Menge Mitmach-Anregungen für dich gestaltet.

Nichts davon ist steinernes Gesetz, beim Comiczeichnen darfst du natürlich auch alles anders machen und wirst im Lauf der Zeit sowieso deine eigenen Regeln und Arbeitsabläufe finden.

Das Buch eignet sich sehr gut zum Einsteigen ins Comiczeichnen. Mach darin mit, was dir gefällt. Ich hoffe, es macht dir Spaß!

Nina Dietrich

Darf ich außerdem vorstellen? Das sind Penny und Susi. Sie werden dich durch das Buch führen.

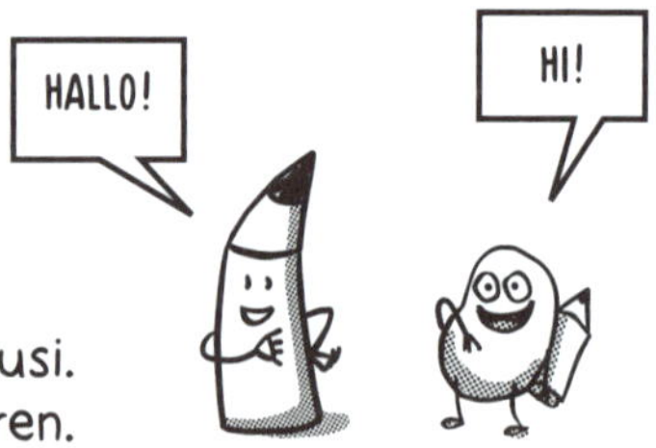

Was dich erwartet

Es gibt dir nicht nur Hintergrundwissen, praktische Tipps und viele Anregungen, sondern du kannst auch alles sofort ausprobieren:

- Tricks fürs Zeichnen
- Anleitungen für Köpfe und Figuren
- Tipps für Sprechblasen und Schrift
- Übungen zum Erzählen mit Bildern
- Coole Bildausschnitte
- Stories zum Fertigzeichnen
- Vorlagen, wie du selbst von Ideen zu ganzen Geschichten kommen kannst
- ... und mehr Meer (Bonusleerseiten!)

DIESES BUCH IST GENAU RICHTIG FÜR DICH

- ☑ wenn du gerne zeichnest
- ☑ wenn du ins Comiczeichnen reinschnuppern möchtest

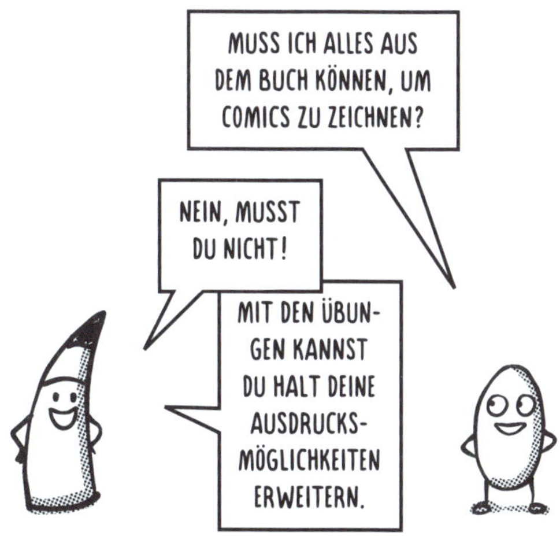

KAPITEL 1: GRUNDLAGEN
ZEICHENWERKZEUG UND ARBEITSMATERIAL

In diesem Buch kannst du eine Menge Übungen fürs Comiczeichnen machen. Und zwar direkt im Buch. Das ist mit jedem Stift möglich, z.B. auch mit Kuli, aber besser geht es mit diesen Arbeitsmaterialien:

Ein Bleistift

Du brauchst ihn zum Nachdenken, Skizzieren und Vorzeichnen.

Bleistifte haben verschiedenen Härtegrade, »HB« bedeutet z.B. mittelhart.

Probier aber auch mal einen weicheren, z.B. »2B«.
Er zeichnet ein bisschen dunkler.

Mit Bleistift machst du Vorzeichnungen, um mehr Kontrolle über dein Ergebnis zu haben.

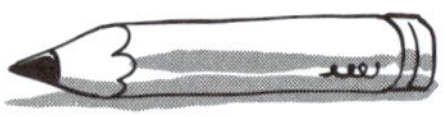

Bleistiftlinien sind im echten Leben natürlich grau.

In diesem Buch sind sie aber farbig dargestellt.

Ein Anspitzer

Falls du keinen Druckbleistift hast, halte einen Anspitzer bereit.

Mit oder ohne Gehäuse, Hauptsache, er ist scharf.

Heißer Tipp: Lass deine Bleistifte niemals auf den Boden fallen. Die Mine bricht sonst. Solche Stifte sind kaum mehr vernünftig zu spitzen.

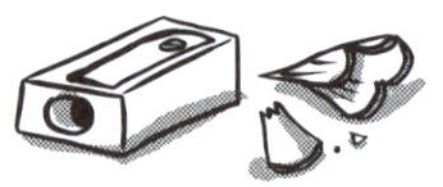

Ein Radierer

Keine Bleistiftskizze ohne Radierer!

Es sollte ein weicher sein. Ein grauer Knetradierer ist auch eine gute Wahl.

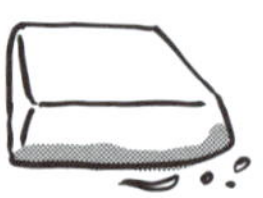

Fineliner oder schwarze Stifte

Damit kannst du deine Bleistift-Vorzeichnungen nachziehen.

Es gibt dünne oder dicke, kantige oder pinselige. Verwende erst mal nur welche in »Fine« oder Strichstärke »0.3« bis »0.5«.

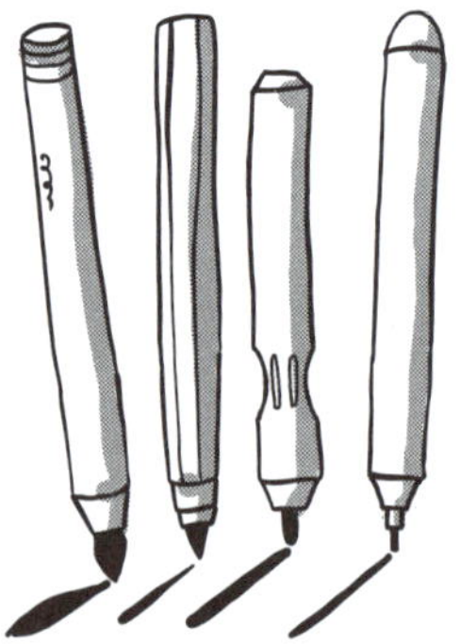

Fineliner-Striche sind in diesem Buch schwarz dargestellt.

Skizzenpapier

Es kann weiß oder kariert sein, wie du willst. Normales Büropapier oder irgendein Block ist ebenso gut.

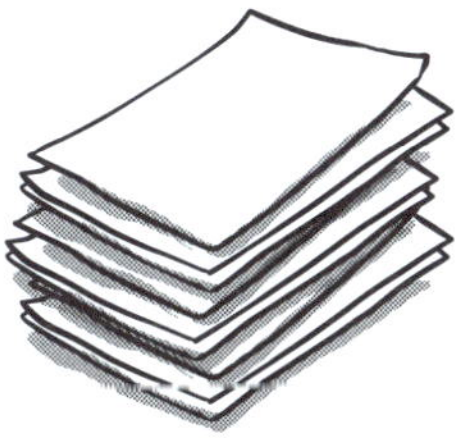

Ein Skizzenbuch

Fein ist es, ein Skizzenbuch zu führen und alle Übungen da hinein zu machen.

Du kannst es später durchblättern und sehen, was dich interessiert hat und wie du weitergekommen bist.

Vielleicht möchtest du es später auch jemandem zeigen.

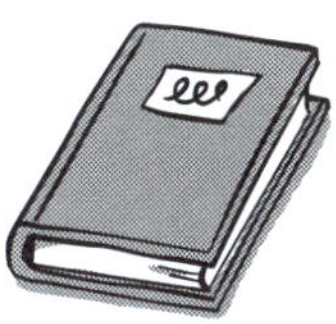

Transparentpapier

Wenn du nicht ins Buch hinein zeichnen möchtest, kannst du auch durchscheinendes Papier auf die Übungen legen und auf dieses zeichnen.

Frag im Fachhandel nach Transparent- oder »Architekten-Papier«.

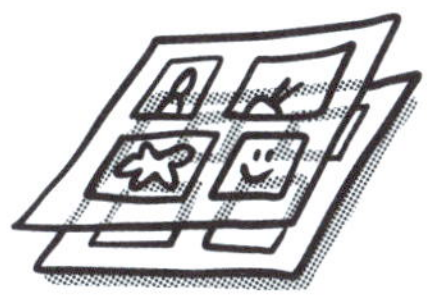

Ein digitales Zeichentablet

So eines ist nicht nötig.

Falls du aber ein Tablet mit Stift besitzt, kannst du darauf zeichnen und die Übungen immer wieder neu ausprobieren.

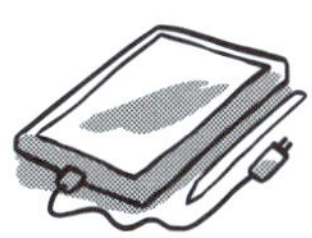

Ein Lineal

Ein Lineal ist hilfreich, wenn du selber Vorlagen für Panels machen oder Schriftzeilen ziehen willst.

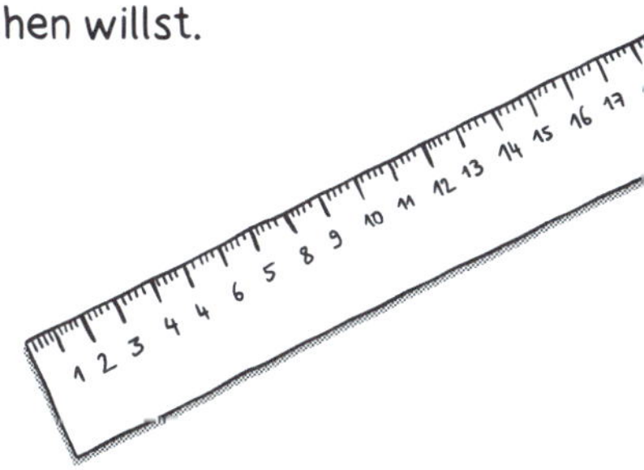

Ein bisschen Ausdauer

Zeichnen ist, wie alle Dinge, Übungssache.

Wenn du viel Spaß am Zeichnen hast, wird sich die Übung natürlich automatisch einstellen.

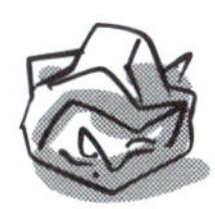

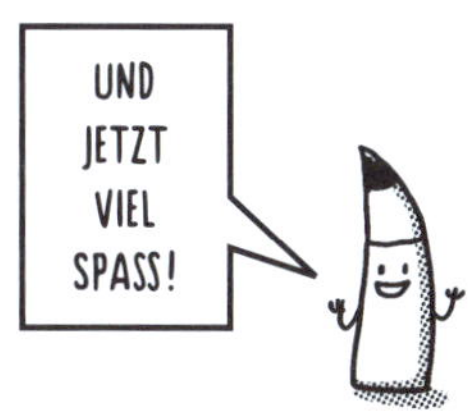

WAS SIND COMICS?

Wie sich Bilder zu einer Geschichte verbinden

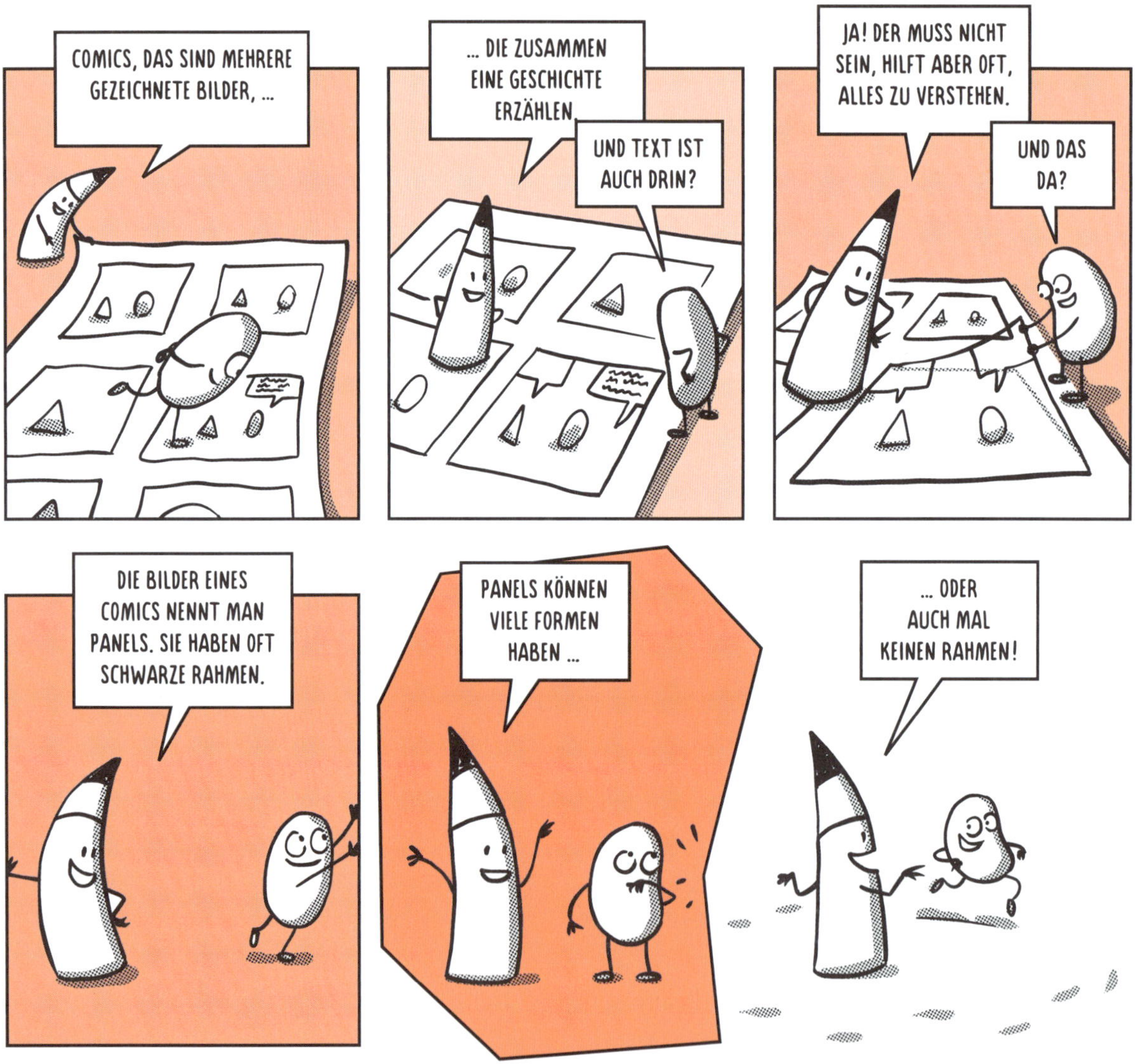

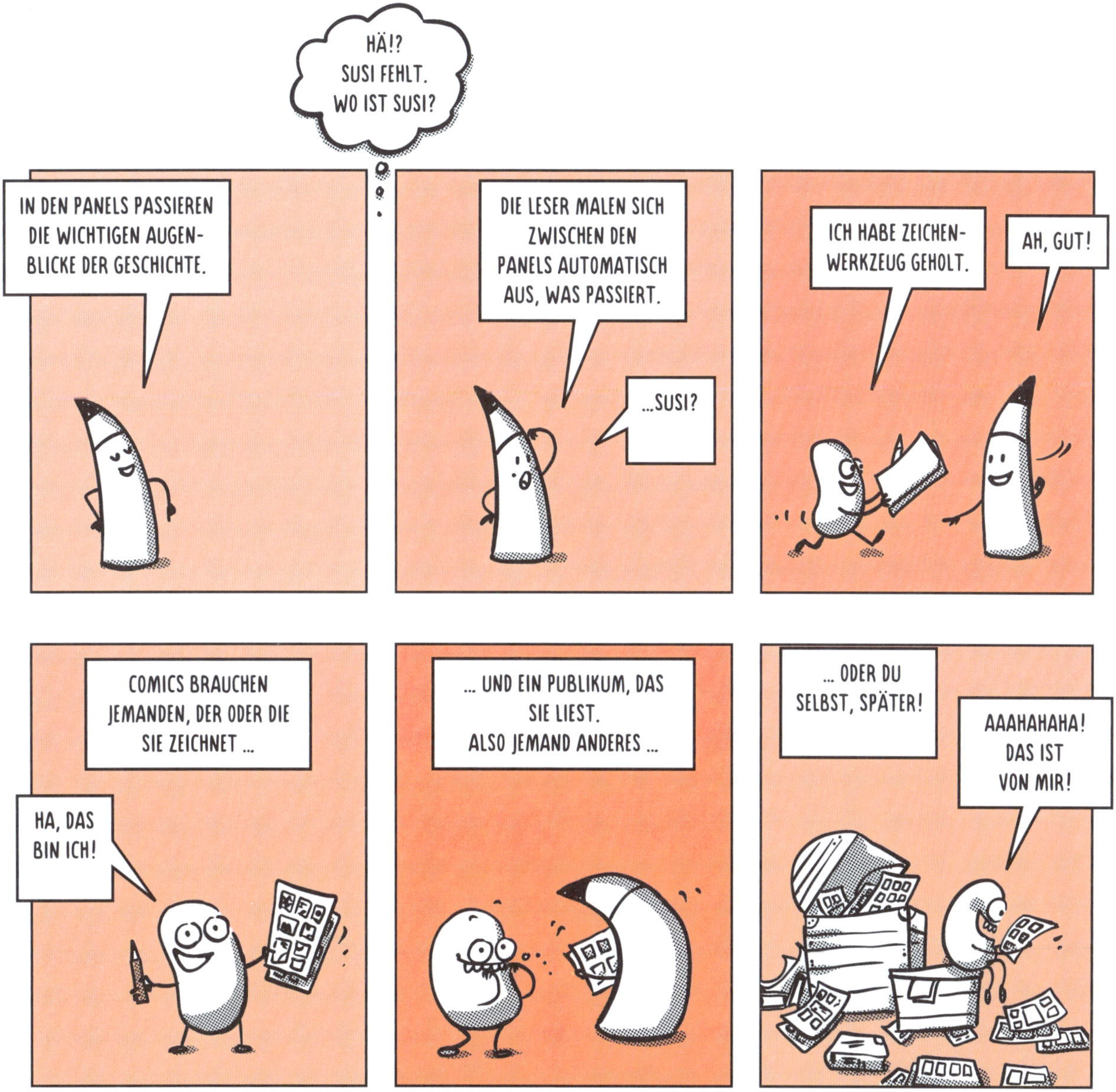
HÄ!? SUSI FEHLT. WO IST SUSI?
IN DEN PANELS PASSIEREN DIE WICHTIGEN AUGEN-BLICKE DER GESCHICHTE.
DIE LESER MALEN SICH ZWISCHEN DEN PANELS AUTOMATISCH AUS, WAS PASSIERT.
...SUSI?
ICH HABE ZEICHEN-WERKZEUG GEHOLT.
AH, GUT!
COMICS BRAUCHEN JEMANDEN, DER ODER DIE SIE ZEICHNET ...
HA, DAS BIN ICH!
... UND EIN PUBLIKUM, DAS SIE LIEST. ALSO JEMAND ANDERES ...
... ODER DU SELBST, SPÄTER!
AAAHAHAHA! DAS IST VON MIR!

WAS BEDEUTET WAS?

Es gibt ein paar Begriffe, die ganz ähnliche Bedeutungen zu haben scheinen. Werde Fachmensch und rede mit!

Begriffe rund um »Comics«

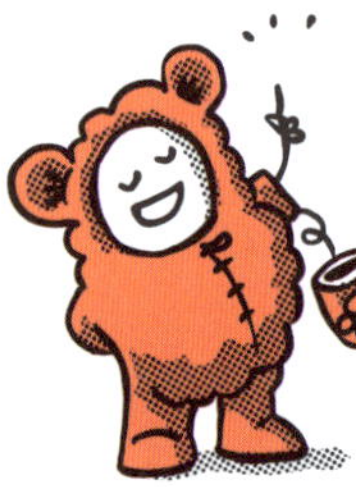

Susi hat sich als Erklär-Bär verkleidet.

Comics

sind der Überbegriff für gezeichnete Geschichten in Panels. Sie können heiter oder ernst sein, pure Fantasie oder realistisch, gedruckt oder digital.

Comicstrips und Cartoons

sind Kurz-Comics mit ungefähr drei oder vier Bildern.

Graphic Novels

sind gezeichnete Literatur in Buchform.

Eine Karikatur

ist ein einzelnes Bild. Eine Person oder eine Situation wird darin witzig oder boshaft überzeichnet.

Begriffe rund ums »Comics zeichnen«

Character Design

ist das Erfinden von Figuren.

Hilfslinien

sind Linien, die dir helfen, deine Zeichnung zu organisieren und zu »lenken«.

Skribbeln und Skizzieren

bedeutet, mit lockerem Strich vorzuzeichnen, sodass du herausfindest, was du festhalten willst.

Die Vorzeichnung

ist eine genauere Bleistiftzeichnung, über die du mit Fineliner zeichnest.

Die Reinzeichnung

ist die fertige Zeichnung, z.B. mit Fineliner.

DIESES BUCH IST EIN MITMACH-BUCH

So funktionieren die Ausprobier-Seiten

Sobald du auf den folgenden Seiten farbige Bereiche siehst, heißt es:
»Jetzt bist du dran! Zeichne mit Bleistift oder mit Fineliner oder schreibe etwas.«

Willst du lieber nicht ins Buch zeichnen?

- ☑ Dann zeichne auf Skizzenpapier oder
- ☑ zeichne in dein Skizzenbuch oder
- ☑ leg dir Transparentpapier auf die Seiten.

So ist der Mitmach-Bereich gefärbt.

Schau auch die Seiten-Ecke an. Sie fordert dich auf: Jetzt du!

Die farbigen und grauen Stift-Symbole sagen dir, welches deiner Zeichengeräte dran ist (oft sind es beide).

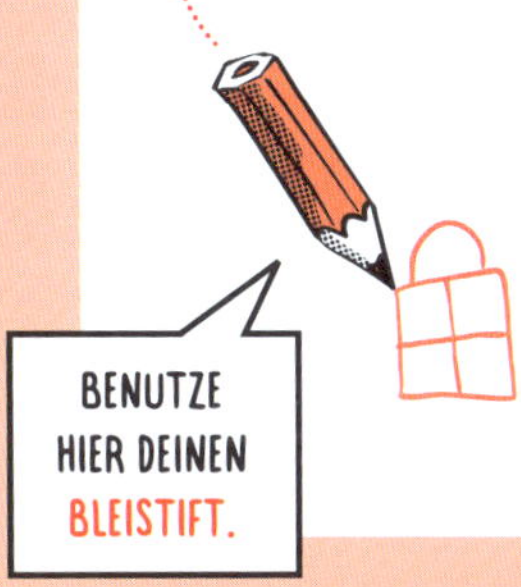

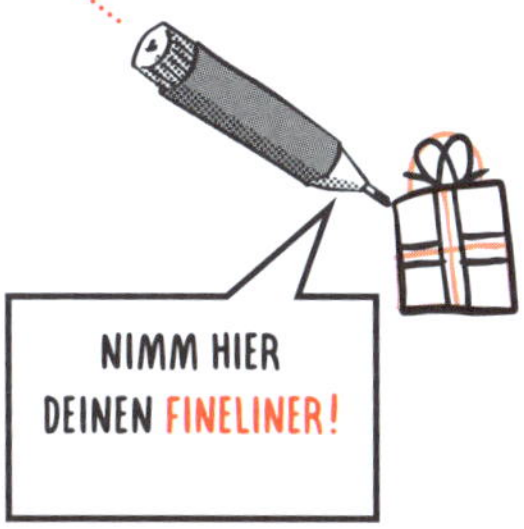

Das ist das Symbol für dein Skizzenbuch (oder für Skizzenpapier). Es sagt:

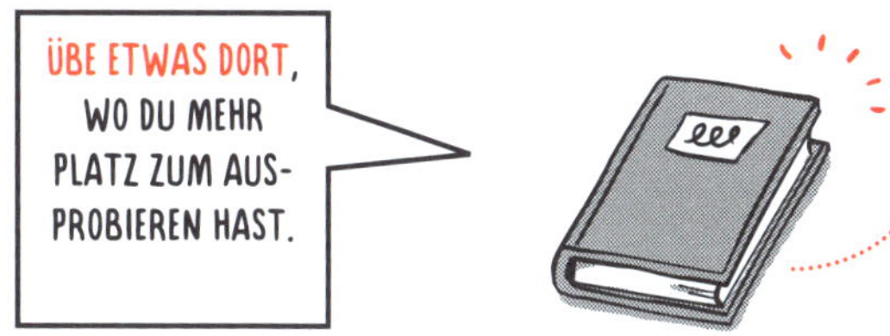

(Möchtest du hier vielleicht schon ein paar Probe-Striche mit deinen Stiften machen?)

NOCH WAS WICHTIGES:

☑ Du kannst die Übungen machen. Du musst sie aber nicht machen.

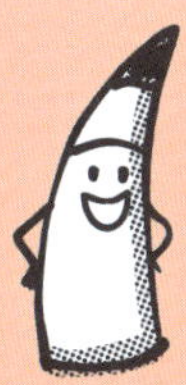

☑ Du kannst sie wie beschrieben oder völlig anders machen. Comiczeichnen ist ja keine fixe Technik, sondern eine Spielwiese.

COMICS ZEICHNEN MIT EIN PAAR STRICHEN

Was ein paar Formen schon erzählen können

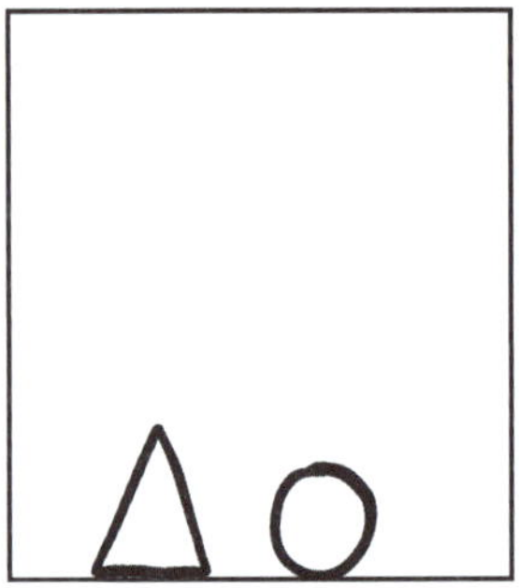

Im Comic kann man einfache Formen als »Figuren« auf die untere Linie des Panels setzen.

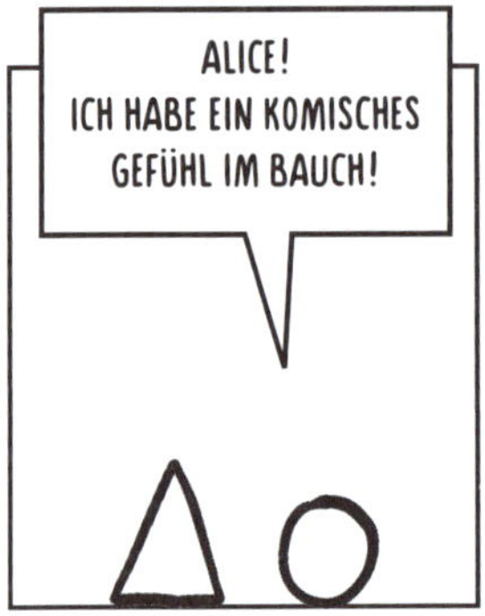

Der Trick, die Formen als Figuren zu »sehen« gelingt, wenn sie Sprechblasen bekommen.

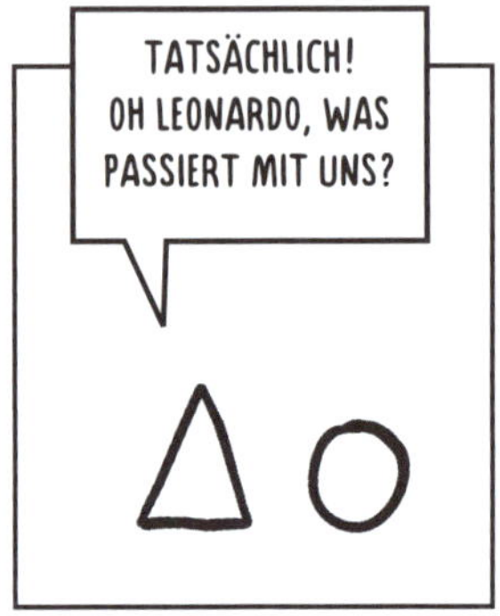

Setzt du die Formen höher, haben sie Raum um sich. Sie scheinen zu schweben.

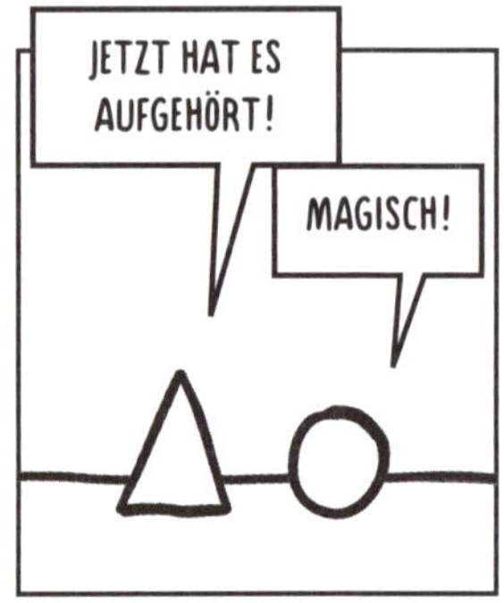

Zeichnest du hinter ihnen eine Querlinie in den Rahmen-Raum, bekommen sie einen Boden und Halt.

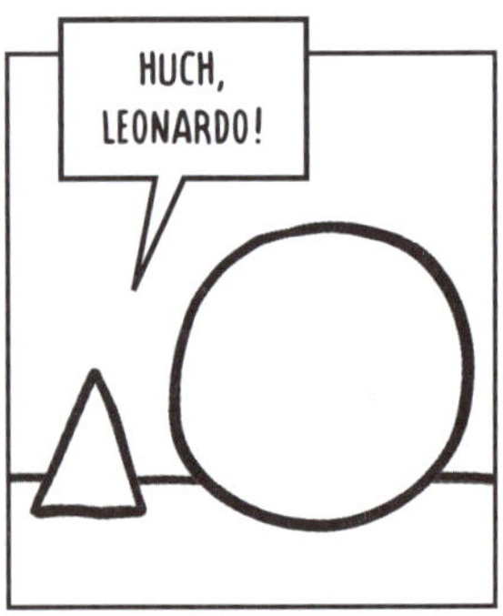

Wenn eine Form größer ist als die andere, wirkt es interessant.

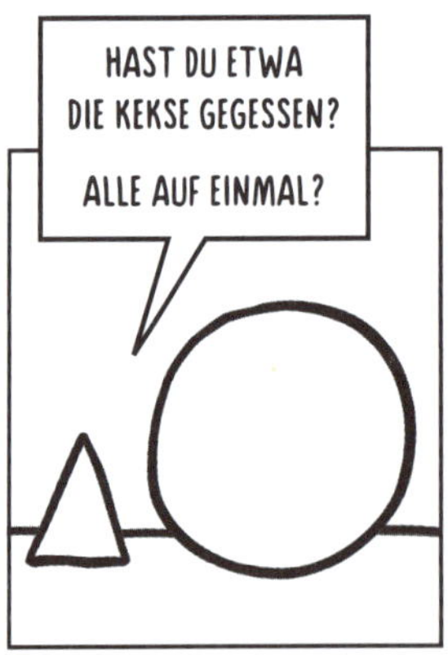

Bei viel Text kannst du den Augenblick nochmal zeichnen.

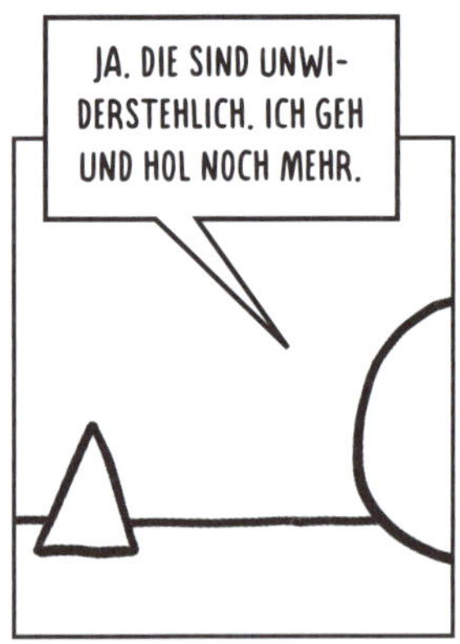

Du kannst Formen aus dem Bild verschwinden lassen.

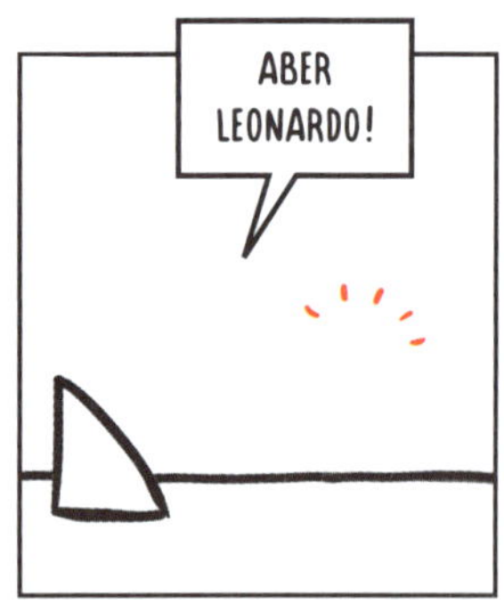

Die Lücke, die die Figur hinterlässt, hat auch Wirkung.

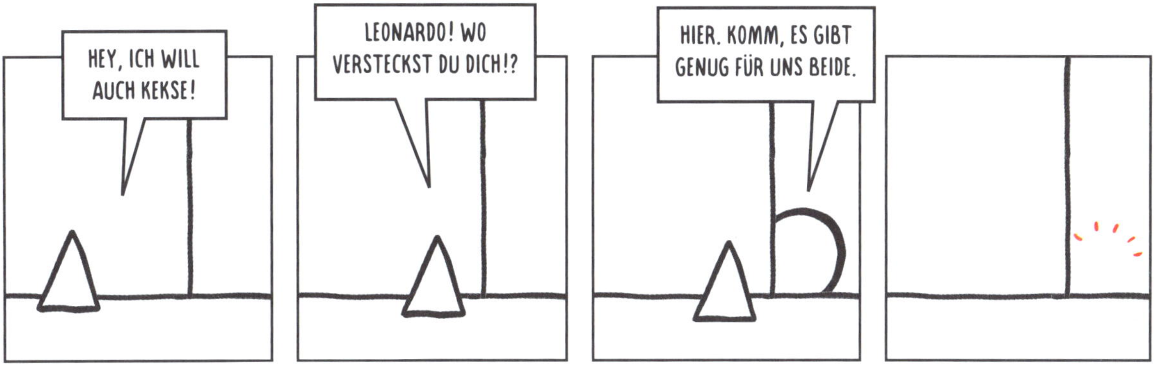

Eine neue Linie! Was bedeutet sie?

Steht das Dreieck vor einer »Wand«? Oder nicht? Verwirrend!

Mit der Überlappung einer Figur bekommt die Linie Sinn.

Noch eine Lücke. Wo sind wohl die Figuren (und die Kekse)?

Schnapp dir dein Skizzenbuch und deinen Bleistift. Dann skribble (zeichne locker) einfache Formen. Mach einfach ein Blatt voll. Es wird dir für die nächste Seite nützen!

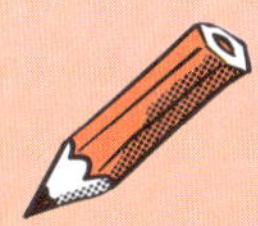

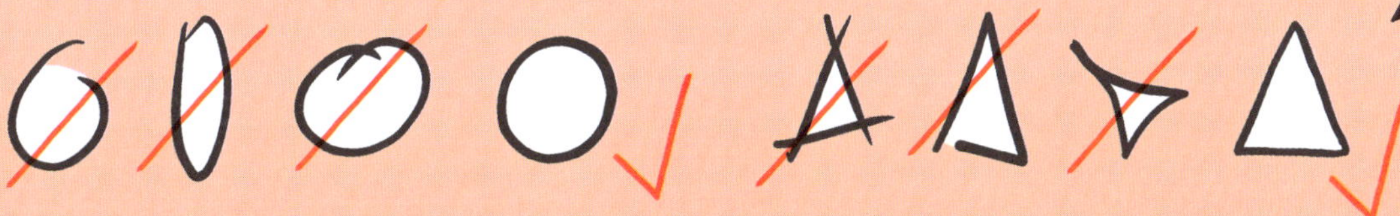

Hmm … Nein … Naja … Ja! Hmm … Fast … Bä … Ja!

KREISE ZEICHNEN IST NICHT LEICHT.

- ☑ Übe sie in verschiedenen Größen.
- ☑ Lass keine Lücke in der Form, sondern schließe sie.

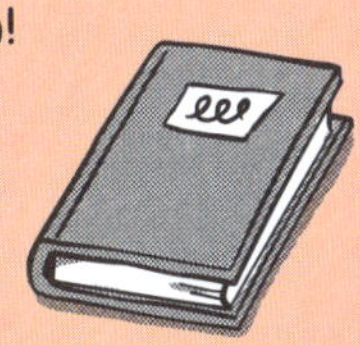

- ☑ Auch Dreiecke mögen die Form geschlossen.
- ☑ Vermeide Linien, die sich kreuzen.
- ☑ In Ruhe zeichnen hilft.

DEIN ERSTER COMIC: DREIECK UND KREIS

Lass Formen sprechen!

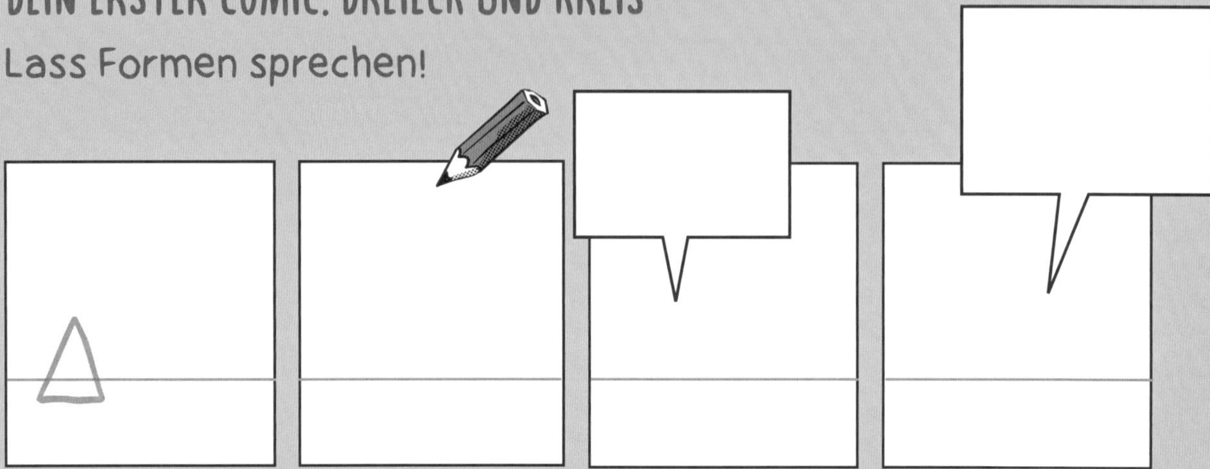

Nimm zuerst deinen Bleistift.

Hier ist schon ein Dreieck vorgegeben.

Zeichne das Dreieck nochmal!

Und lass einen Kreis dazu »erscheinen«.

Zeichne deine Formen jetzt vielleicht auf andere Positionen im Panel. Oder ändere die Größen.

Was sagen die Formen? Schreib etwas!

Führe dann die Seite fort, wie es dir gefällt.

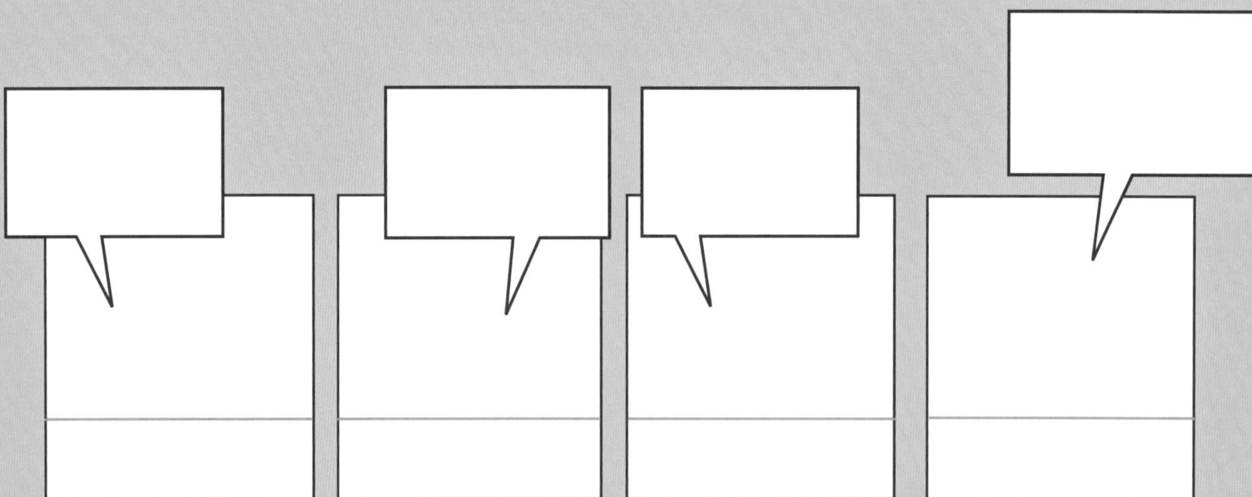

Skizze mit Fineliner ausarbeiten

Du hast links mit Bleistift einen Comic entworfen. Du hast die Formen festgelegt und an Ort und Stelle gesetzt.

Nachdem diese »Vorarbeit« also erledigt ist, kannst du den Fineliner probieren!

Denn den Bleistift nimmst du für die grundlegende Skizze ohne viele Details. Mit Fineliner zeichnest du dann mit Details. So musst du nicht alles zweimal machen, sondern sparst dir deine Zeichen-Kräfte fürs Ergebnis auf.

Probiere es aus: zeichne doch über das Dreieck und den Kreis interessantere Außenformen und/oder verschiedene Muster. Radier deine Bleistiftlinien danach weg.

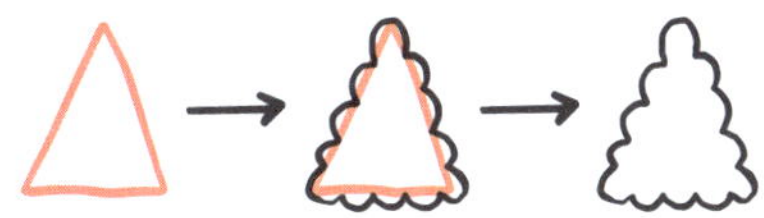

Such dir zwei der folgenden Beispiele aus und übertrage sie mit dem Fineliner über deinen Bleistiftentwurf.

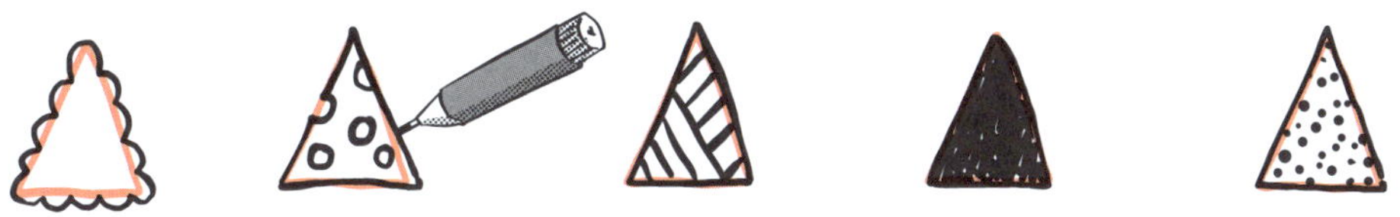

Weich · Käsig · Streifig · Dunkel · Gepunktet

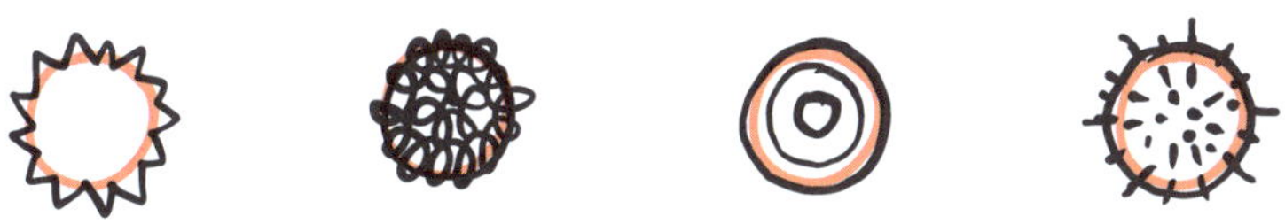

Gezackt · Wollig · Kreisförmig · Stachlig · Glasig

ZEICHEN-TIPP:

Halte die Form der Objekte geschlossen, damit sie als »eins« erkannt wird.

Naja... · Ja!

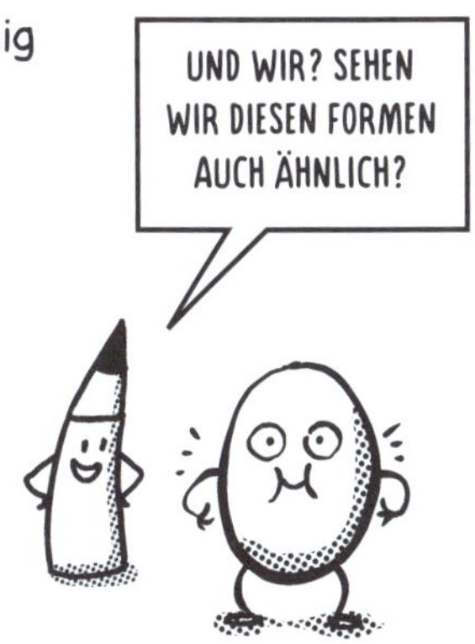

KAPITEL 2: DINGE ZEICHNEN

SACHEN AUS GRUNDFORMEN »BAUEN«

Mit Grundformen und einigen Hilfslinien kannst du alles Mögliche für Hintergründe vorzeichnen. Schau hin: Welche grobe Form hat ein Ding ungefähr? 1. Zeichne ein Rechteck, ein Dreieck oder einen Kreis mit Bleistift über eine Horizontlinie vor. 2. Zeichne mit Fineliner darüber!

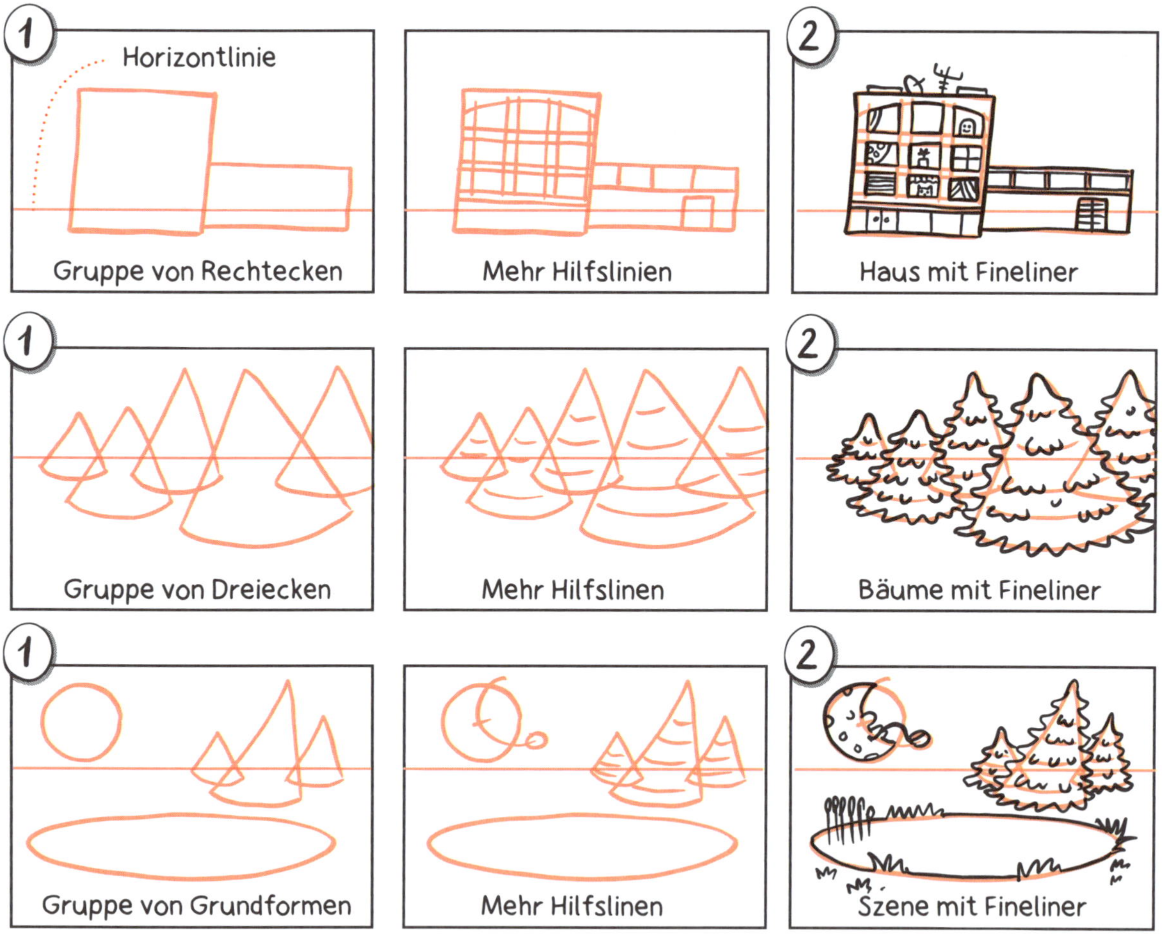

Noch mehr Dinge zeichnen

Versuche dich an diesen Beispielen hier und zeichne sie so ähnlich in die weiße Fläche unten nach. Die roten Linien zeigen dir immer die Vorzeichnung mit Bleistift, die als Grundlage dient, und über die du dann detaillierter mit Fineliner zeichnest

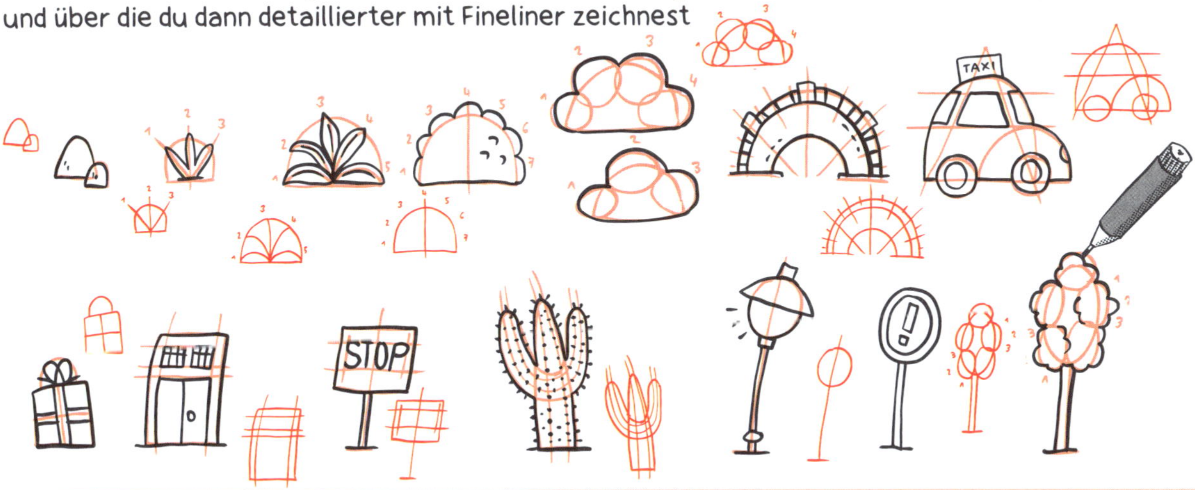

Mach dir wieder Hilfslinien mit Bleistift, um die Größe und Ausmaße der Objekte zu bestimmen, und zeichne dann mit Fineliner nach.

LÜCKEN-COMIC

Im Traum kommen oft die seltsamsten Dinge zusammen. Hier ein paar Beispiele.

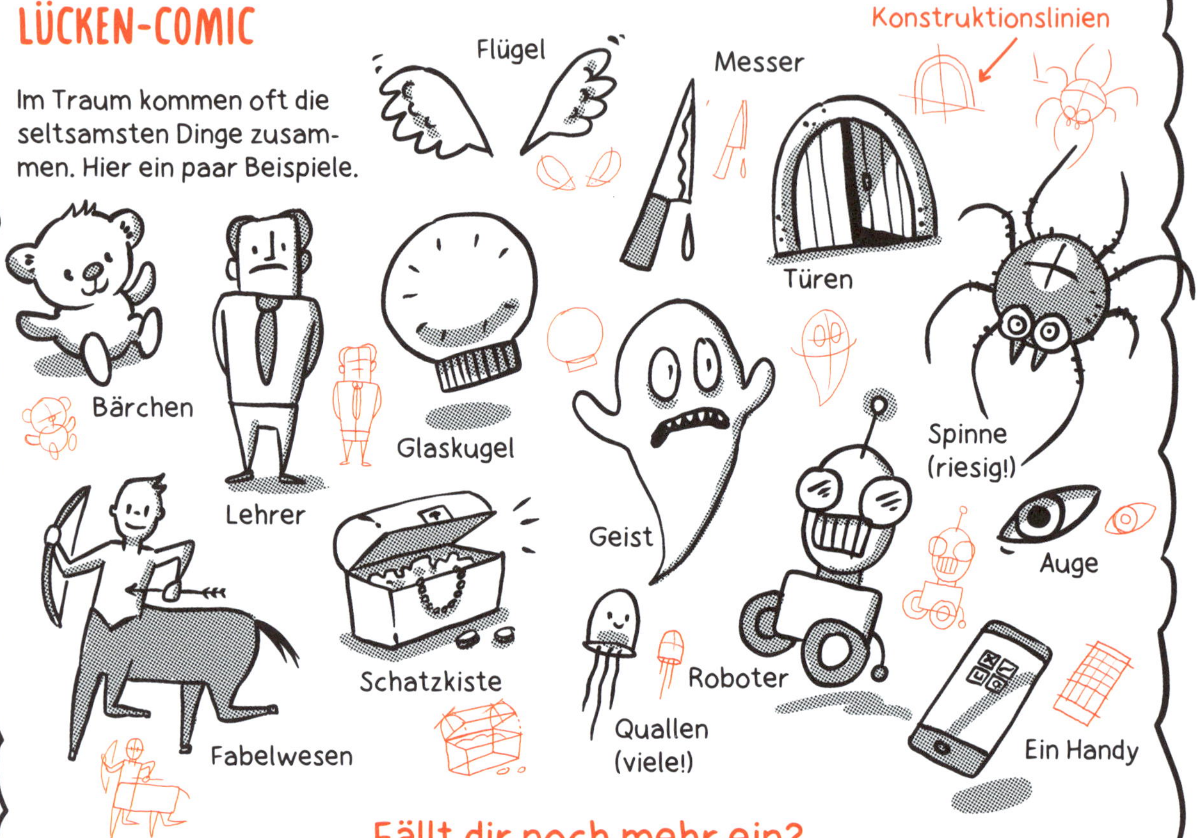

Fällt dir noch mehr ein?

Hier ist Platz für deine Ideen:

»Ein unglaublicher Traum«

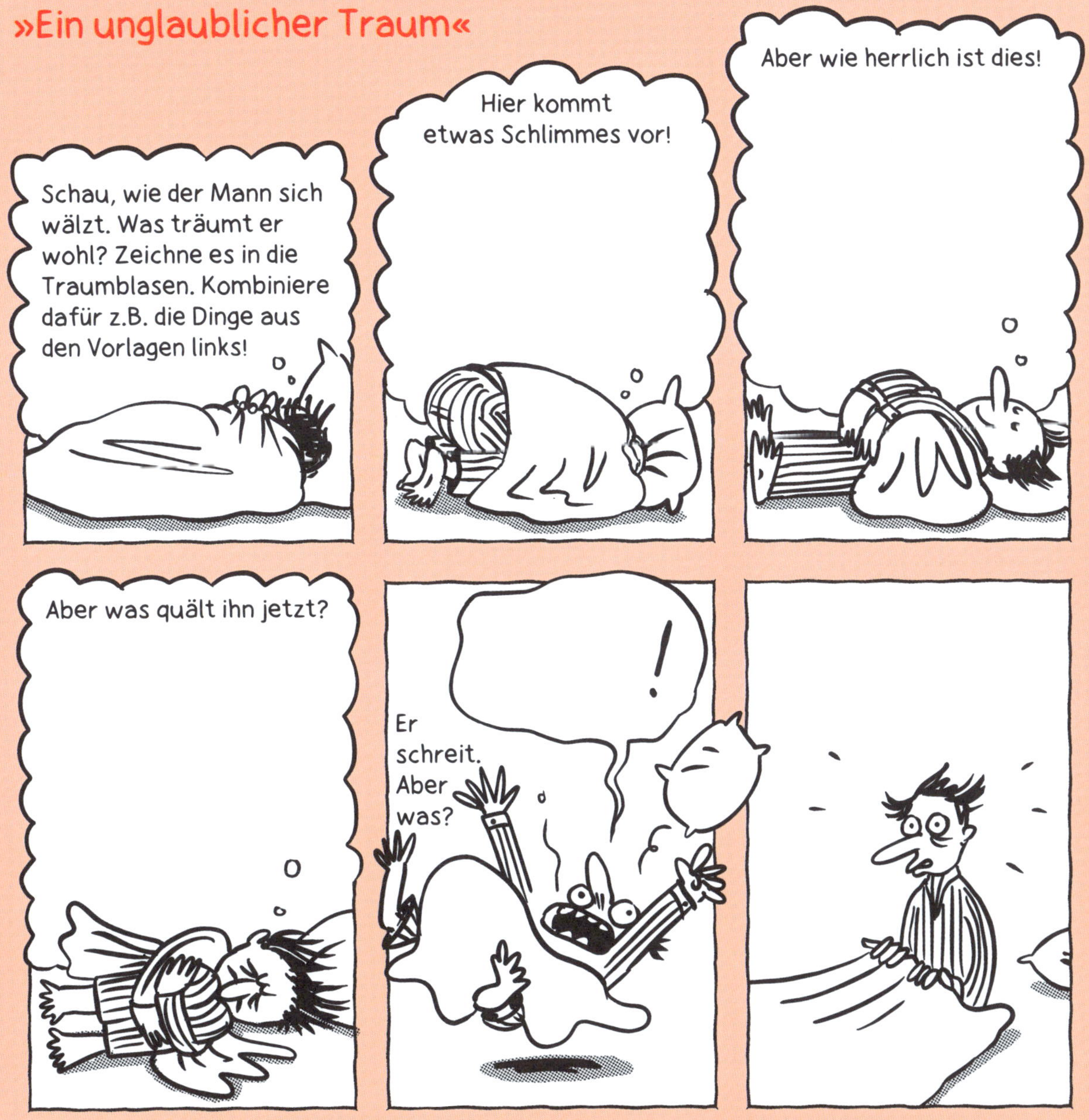

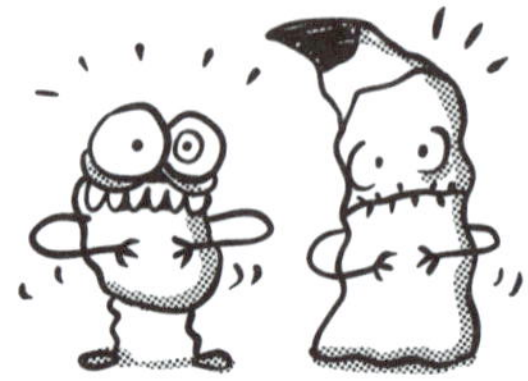

PIZZA-PARTY

Ein Dinge-Comic

Susi und Penny sind sehr hungrig. Sie haben Vorräte, aber leider können sie weder kochen noch backen.

Zeig, wie ihre Küchenvorräte beschließen, sich zusammenzutun und sich (dafür sind sie ja da!) essen zu lassen.

Zeichne zu jeder Sprechblase eins dieser Dinge und am Ende die fertige Pizza.

Die rosa Hilfslinien helfen dir bei den Vorzeichnungen.

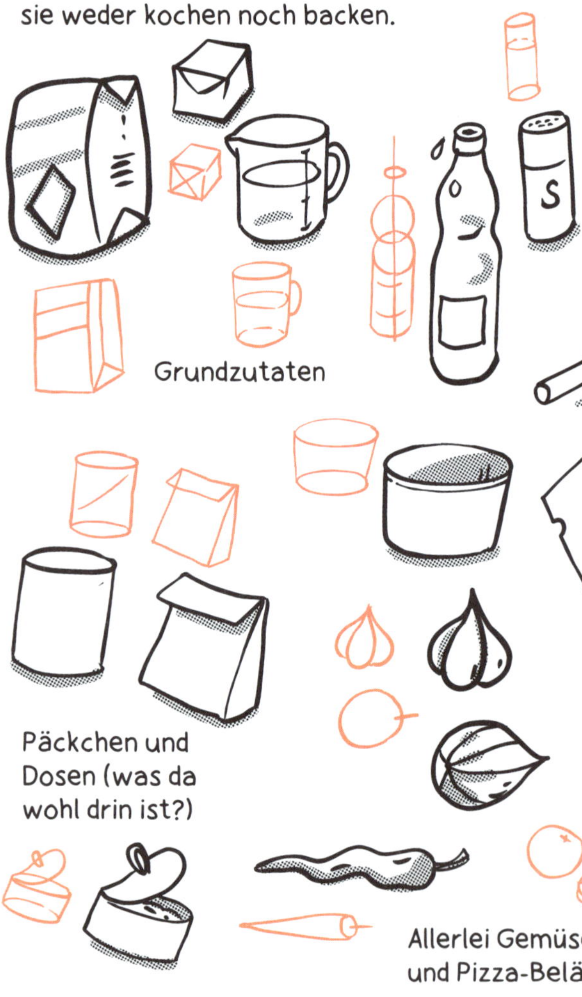

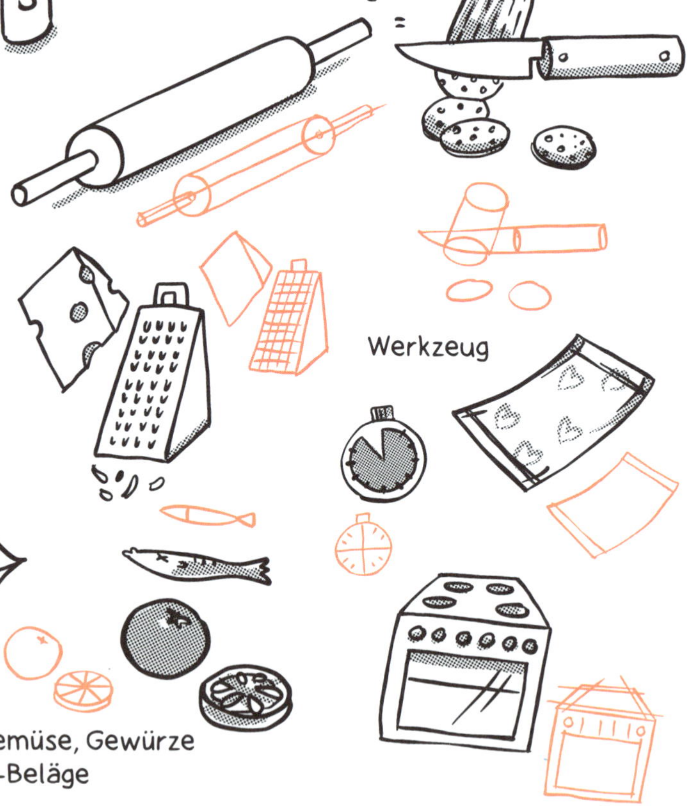

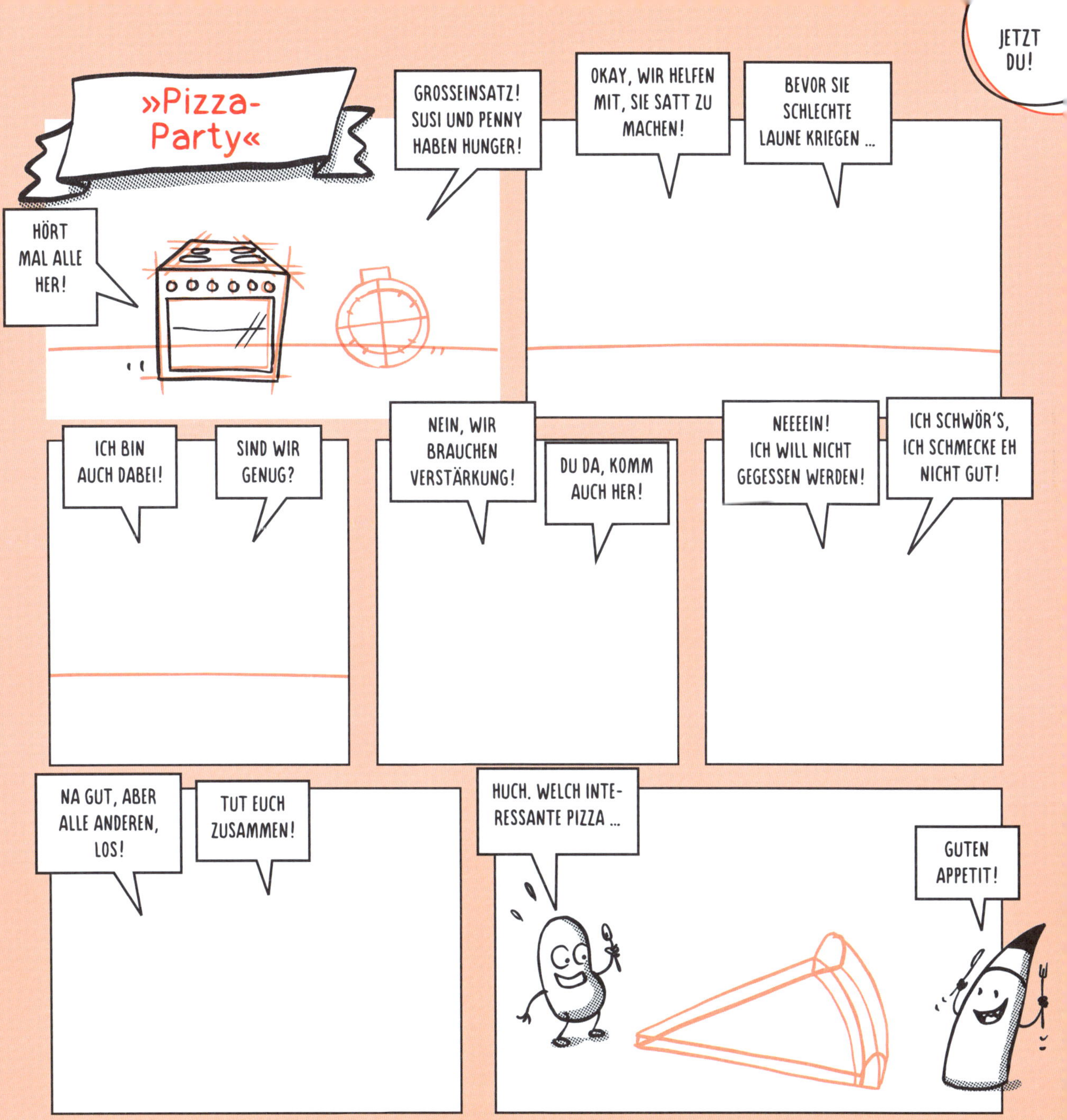
JETZT DU!
»Pizza-Party«
HÖRT MAL ALLE HER!
GROSSEINSATZ! SUSI UND PENNY HABEN HUNGER!
OKAY, WIR HELFEN MIT, SIE SATT ZU MACHEN!
BEVOR SIE SCHLECHTE LAUNE KRIEGEN ...
ICH BIN AUCH DABEI!
SIND WIR GENUG?
NEIN, WIR BRAUCHEN VERSTÄRKUNG!
DU DA, KOMM AUCH HER!
NEEEEIN! ICH WILL NICHT GEGESSEN WERDEN!
ICH SCHWÖR'S, ICH SCHMECKE EH NICHT GUT!
NA GUT, ABER ALLE ANDEREN, LOS!
TUT EUCH ZUSAMMEN!
HUCH. WELCH INTERESSANTE PIZZA ...
GUTEN APPETIT!

KAPITEL 3: KÖPFE UND GESICHTER ZEICHNEN

»KOPF-FÜSSLIS« AUS EINFACHEN GRUNDFORMEN

Hier siehst du ganz einfache Figuren. Natürlich hast du sofort erkannt, dass sie aus Kreisen bestehen und kannst sie leicht nachzeichnen. Schau dir mal die Position ihrer Augen an: Sie sitzen ziemlich tief, das macht sie niedlich. Die Hilfslinien zeigen dir, worum es geht.

Das Kopf-Füßli und seine Augen auf Hilfslinien:

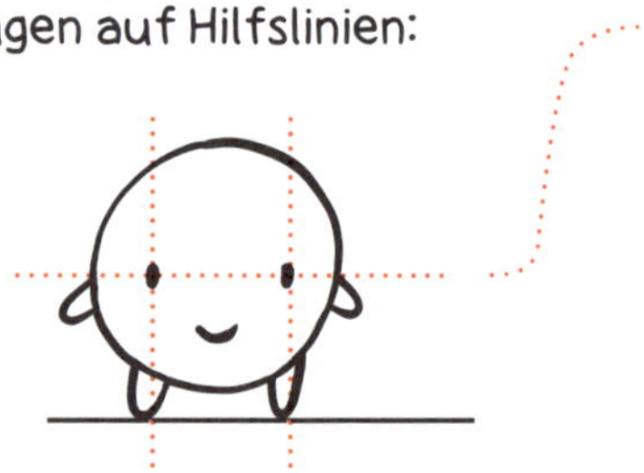

Der Kreis ist mit einer waagerechten Linie in der Mitte geteilt.

Die Punkt-Augen der Figur sitzen knapp unter der Linie und recht weit auseinander. Die Arme beginnen ebenfalls unterhalb der Linie.
Die Beine sitzen etwa in einer Linie unter den Augen.

Varianten oder eine »Familie«:

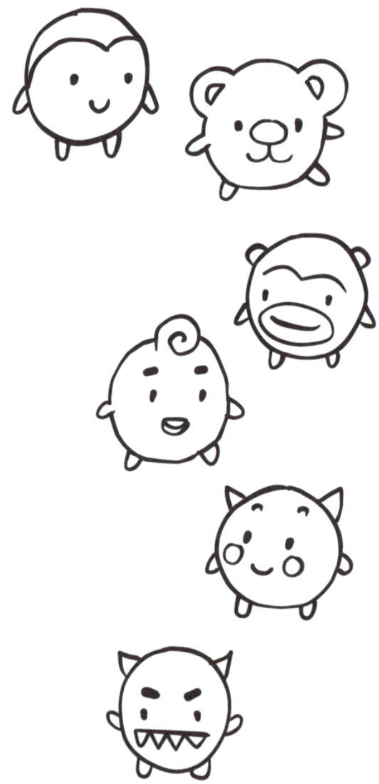

Ein paar Bewegungen:

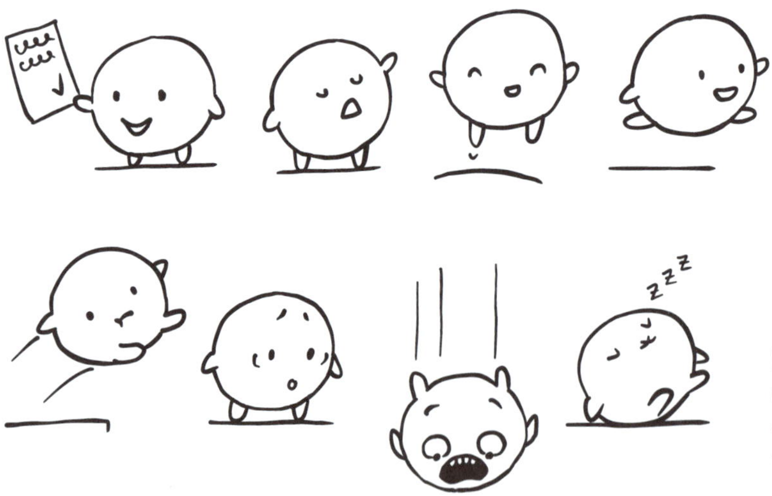

Du siehst hier, dass du nur durch das Verändern des Mundes und der Augen schon sehr viel variieren kannst.

Erweitere die Familie der Kopf-Füßlis

1. Zeichne mit dem Bleistift Kreise vor.
2. Zieh auch drei Linien für die Lage der Augen.
3. Nimm deine eigenen Bleistift-Vorzeichungen als Grundlage und zeichne mit Fineliner eigene Kopf-Füßlis darüber.

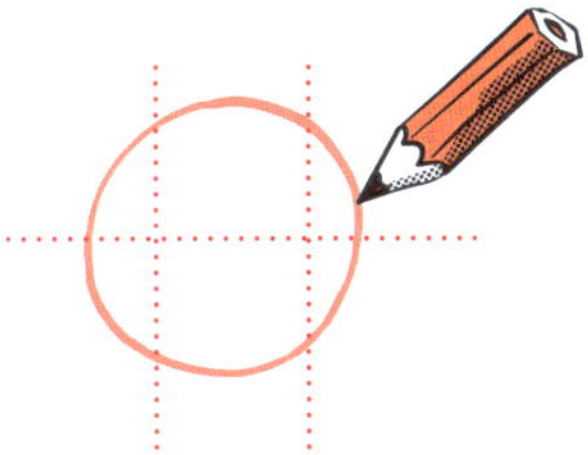

Probiere selber verschiedene Augen und Münder aus. Schau, wie es wirkt, wenn du variierst!

ZEICHEN-TIPP:

Mach die Augen nicht als kleine Punkte, sondern als ganz kurze, aufrechte Striche.

Naja...

Ja!

NOCH MEHR ZEICHEN-TIPPS:

Wenn die Figuren beim Zeichnen noch nicht so richtig süß werden ... schau genau!

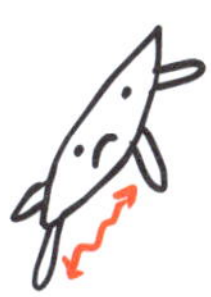

Zitronenform?

Lieber die Form richtig schön rund.

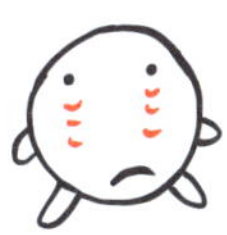

Augen sind zu hoch?

In der Mitte sitzen sie besser.

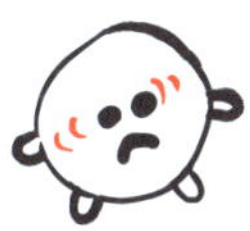

Unterschiedlich dicke Linien?

Übe Gleichmäßigkeit.

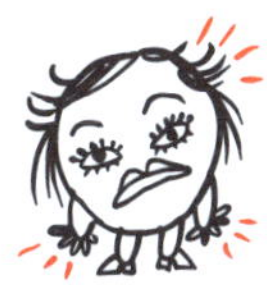

Komplizierte Zusätze?

Halte es einfach.

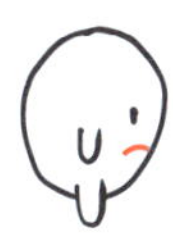

Seltsame Silhouette der Figur?

Zeig die Figur lieber ganz.

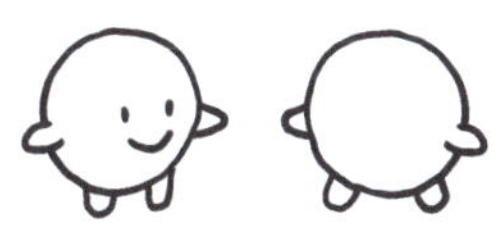

Von vorn oder hinten halb gedreht bedeutet seitwärts!

DEIN ZWEITER COMIC: MIT KOPF-FÜSSLIS

Zeichne doch zwei von den Kreis-Figürchen und schick sie auf den farbig angedeuteten Weg. Nimm Bleistift und Fineliner. 1. Setz deine Figuren ins Bild, wie du willst. 2. Zeichne dann auch den Boden mit Fineliner nach.

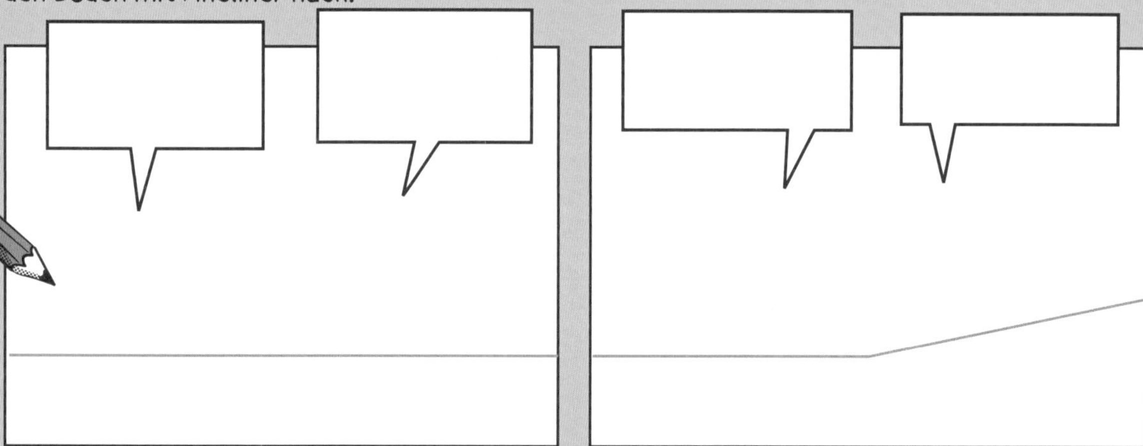

Los geht's! Welche Figuren nimmst du? Stehen sie hier und planen ihr Abenteuer?

Dann lass sie doch mal losgehen ... Vielleicht sagen sie, was sie suchen?

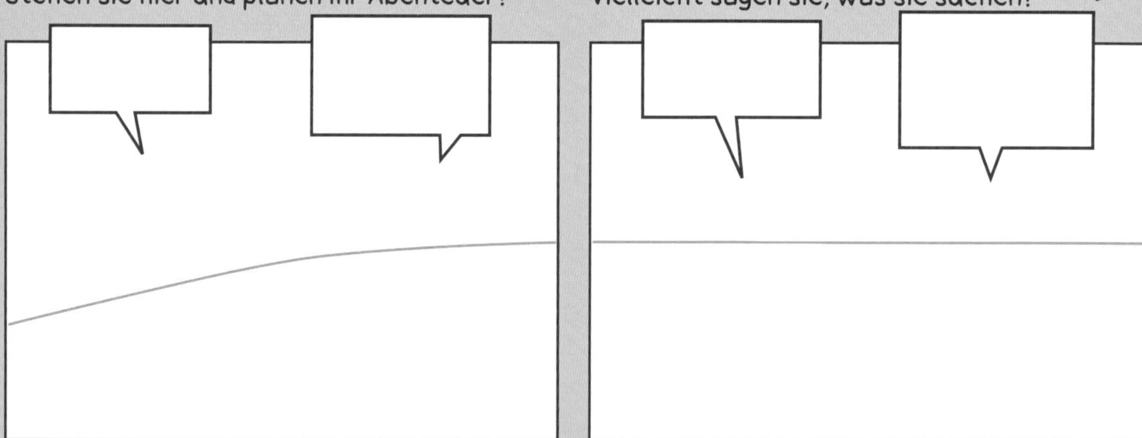

Beim Vorwärtskommen sprechen sie noch mehr. Sagen sie, wohin sie wollen?

Hier könnten sie erklären, worauf sie sich freuen.

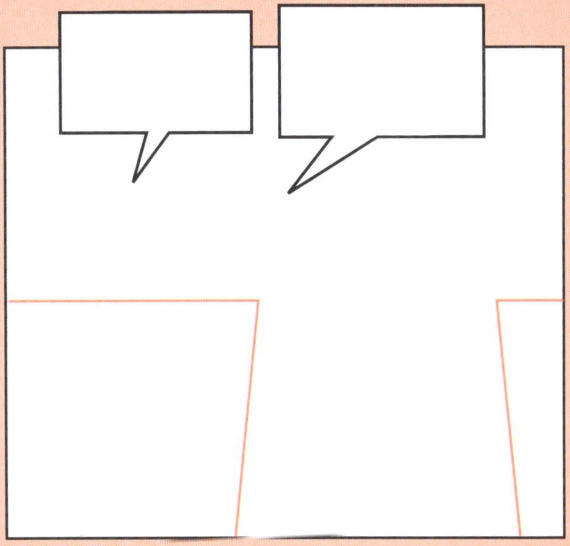

Hier könnten sie stoppen.

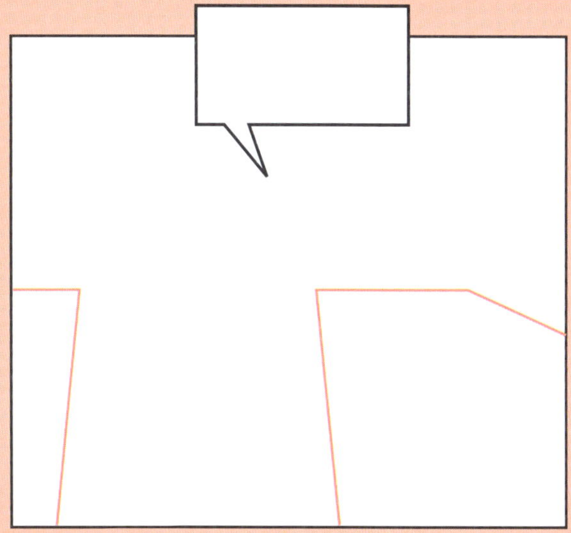

Wie überwinden sie dieses Hindernis?

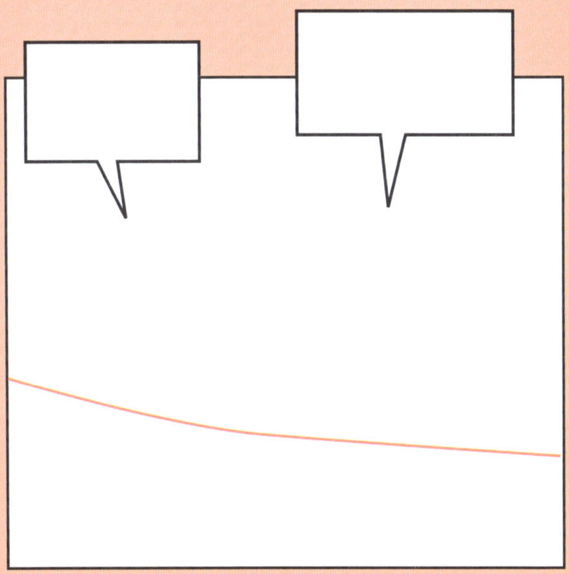

Sind sie froh, dass sie drüben angekommen sind? Wie zeigen sie es?

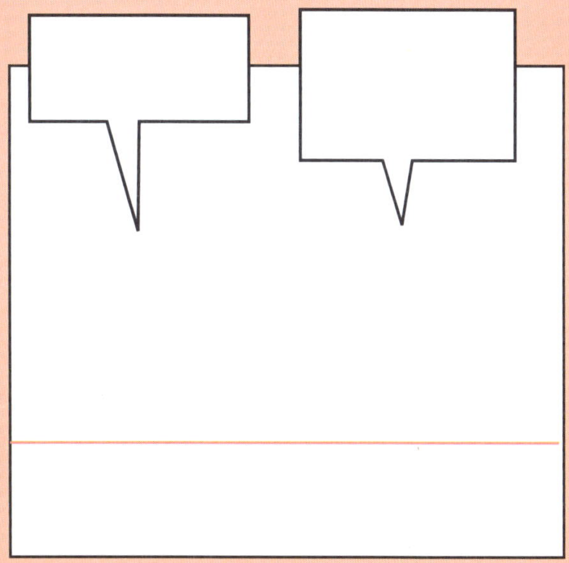

Jetzt ist der Comic zu Ende.
Was sagen sie zum Schluss zueinander?

EINFACHE KÖPFE UND GEFÜHLE

Um Gefühle auszudrücken, musst du nur zwei Dinge ändern: Mund und Augenbrauen.

Hier sind eine Menge Eierköpfe. Ihre Augenbrauen und Augen sind als Striche ausgeführt. Du kannst sie natürlich später nach deinem Geschmack umzeichnen.

Von vorne

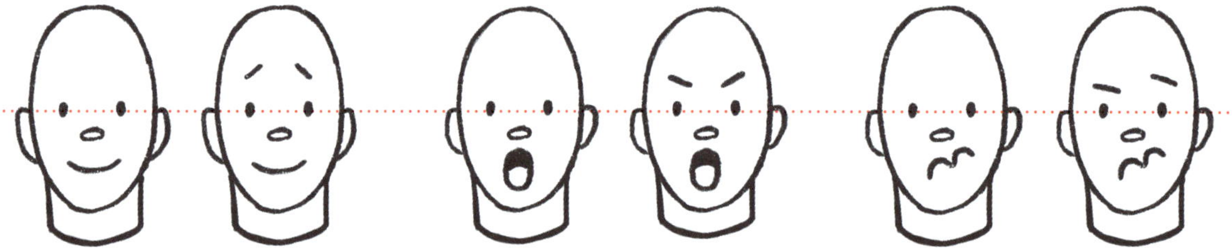

Dieser Mund zeigt Zufriedenheit.

Mit zwei Strichen als Augenbrauen wird daraus Dankbarkeit.

Ein offener Mund schnappt nach Luft oder ruft.

Kippst du die Striche nach unten, wird Zorn daraus.

Ein welliges »m« drückt Zweifel oder Widerstand aus.

Machst du die Striche schräg, kann man das als Skepsis lesen.

Von schräg vorne

Hier sind ein paar andere Münder und wieder verschiedene Augenbrauen:

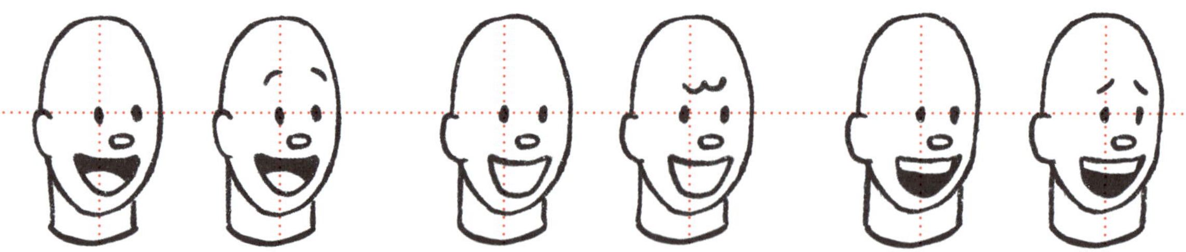

Laut — Überrascht — Heiter — Schadenfroh — Fröhlich — Erleichtert

Hier sind einige Vorschläge für Augen und Brillen:

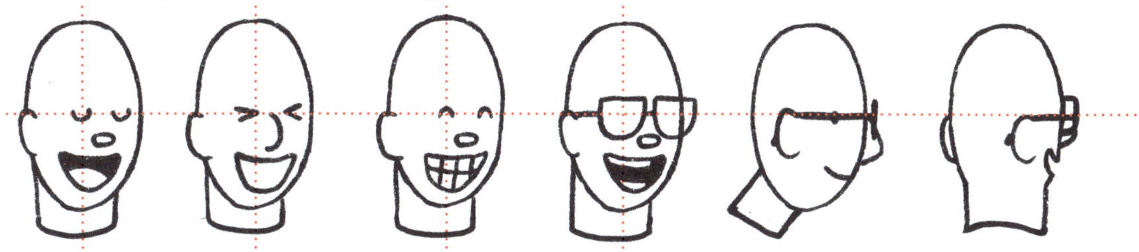

Von schräg hinten

Wenn man die Augen nicht sieht, sind Augenbrauen noch nützlicher:

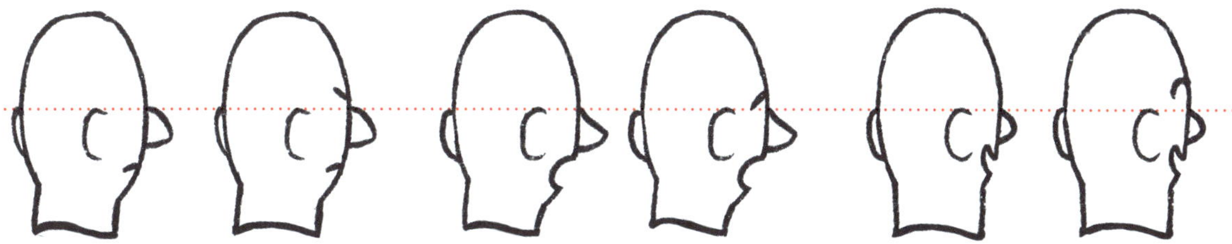

Der Mund allein zeigt Unzufrieden- heit.	Mit der Augenbraue wird Ärger ausgedrückt.	Der offene Mund ruft.	Kippst du die Augenbraue zum Ohr, ist es Schrecken.	Ein nach oben gebo- gener Mund: Fröhlichkeit.	Ein Bogen zeigt freund- liche Auf- merksam- keit!

Von hinten

Von hinten ist Emotion nicht gut erkennbar:

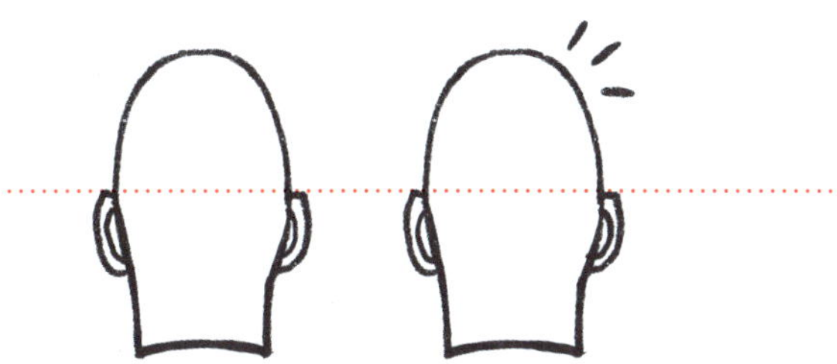

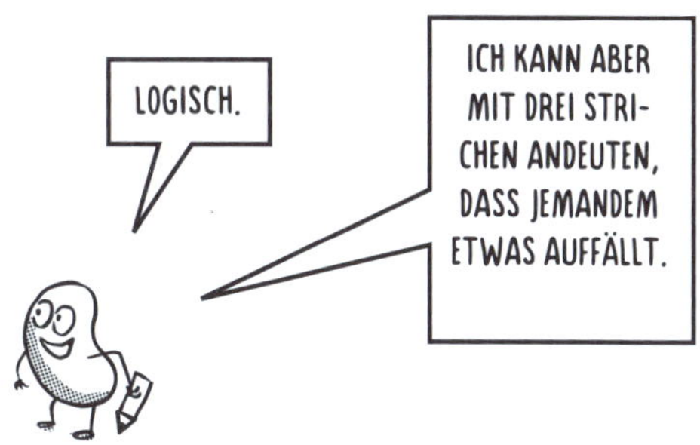

AUGEN, OHREN, NASEN, MÜNDER, ...

Es gibt unendlich viele Varianten für Gesichter. Hier findest du verschiedene »Gesichtsteile«. Kombiniere wenigstens 10 davon in deinem Skizzenbuch! Bestimmt erfindest du auch eigene.

Deine Lieblings-Kombination kannst du mit Fineliner auf den Kopf in der Mitte übertragen.

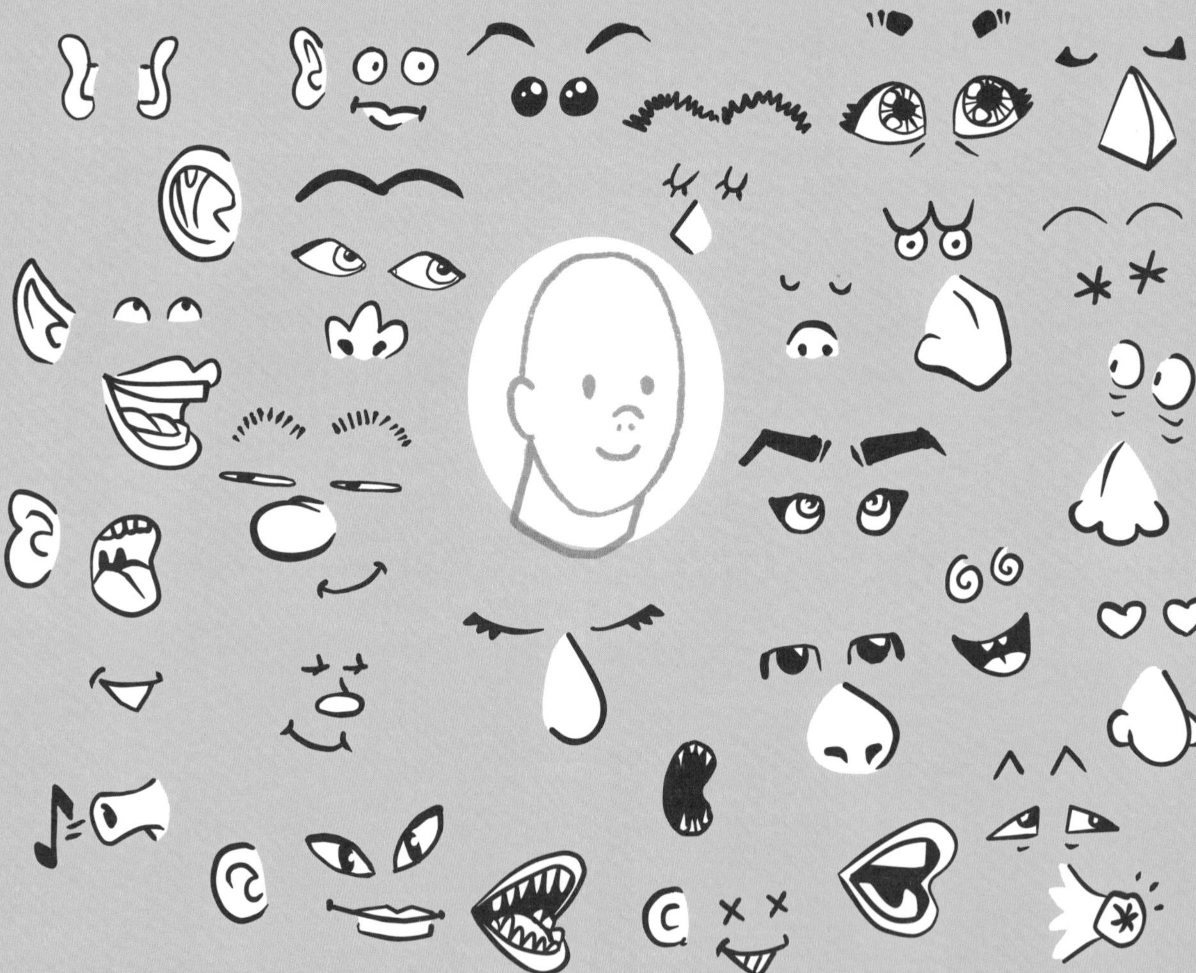

MEHR EMOTION ZEICHNEN

Gefühle mit Symbolen betonen

Diese Symbole zeigen einige Emotionen:

sehr überrascht · verliebt · zornig · überrascht · »ääääh …« · verwirrt · enttäuscht · freundlich · schlecht gelaunt

Oh, ein Wurm kommt aus dem Apfel! Und alle sehen ihn. Wie reagieren diese Charaktere wohl? Zeichne mit dem Fineliner Münder, Augenbrauen und dazu je eins der Symbole oben über die Köpfe der Figuren und schau, was es bewirkt. Ein Beispiel ist schon vorgegeben. Erfindest du auch welche?

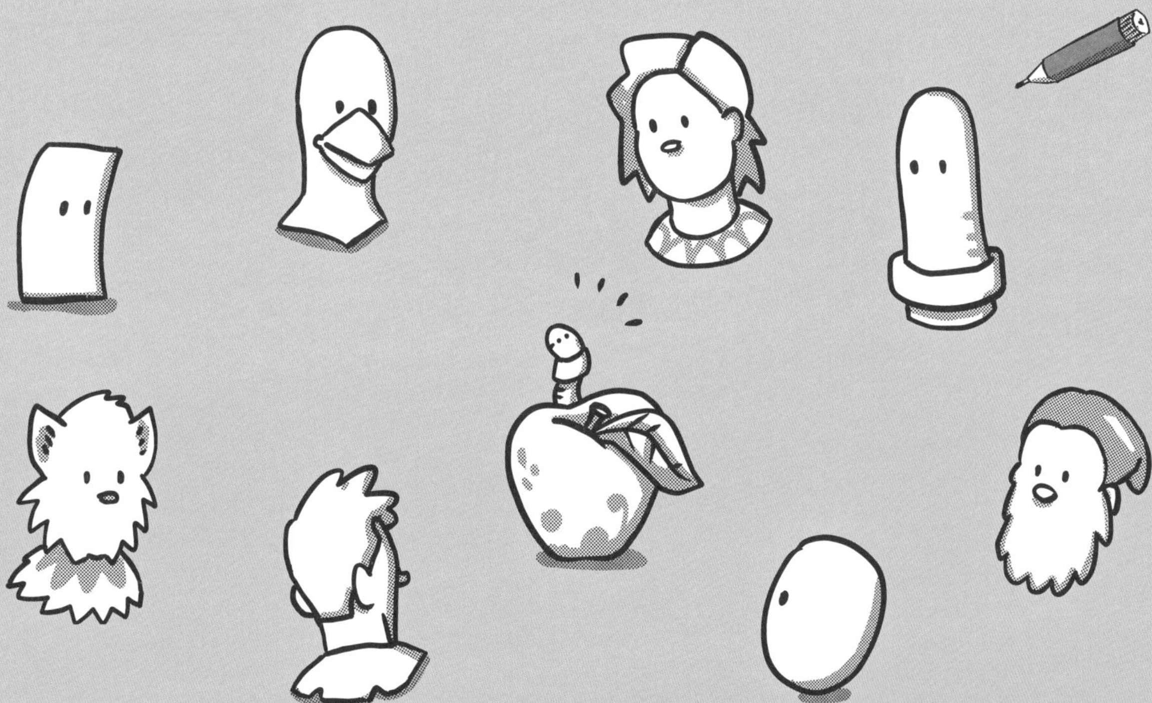

HAARE, FRISUREN, GANZER KOPF

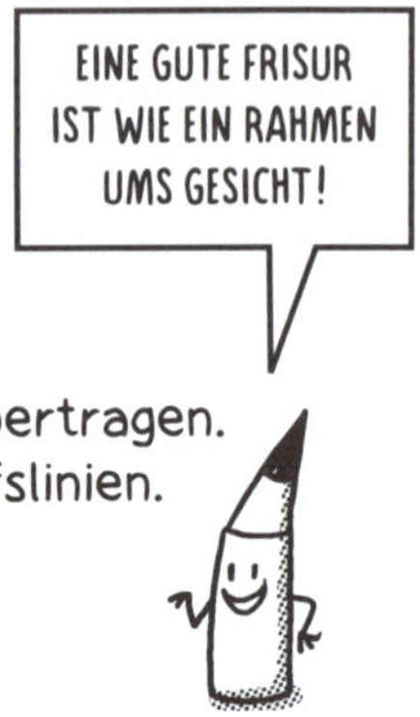

Jetzt wird es haarig. Deine Figuren bekommen Frisuren.
Tatsächlich zeichnest du die Haare am besten nicht einzeln und wie Fäden, sondern als Volumen aus einfachen Formen.
Ziehe dabei nicht zappelige, sondern glatte, sanfte Kurven und Linien.

1. Versuche, mit Fineliner die Haar-Formen von links auf die Köpfe rechts zu übertragen.
2. Zeichne auch neue Augen, Nasen, Münder und Gefühle über die farbigen Hilfslinien.

Drei Beispiele sind schon vorgegeben.

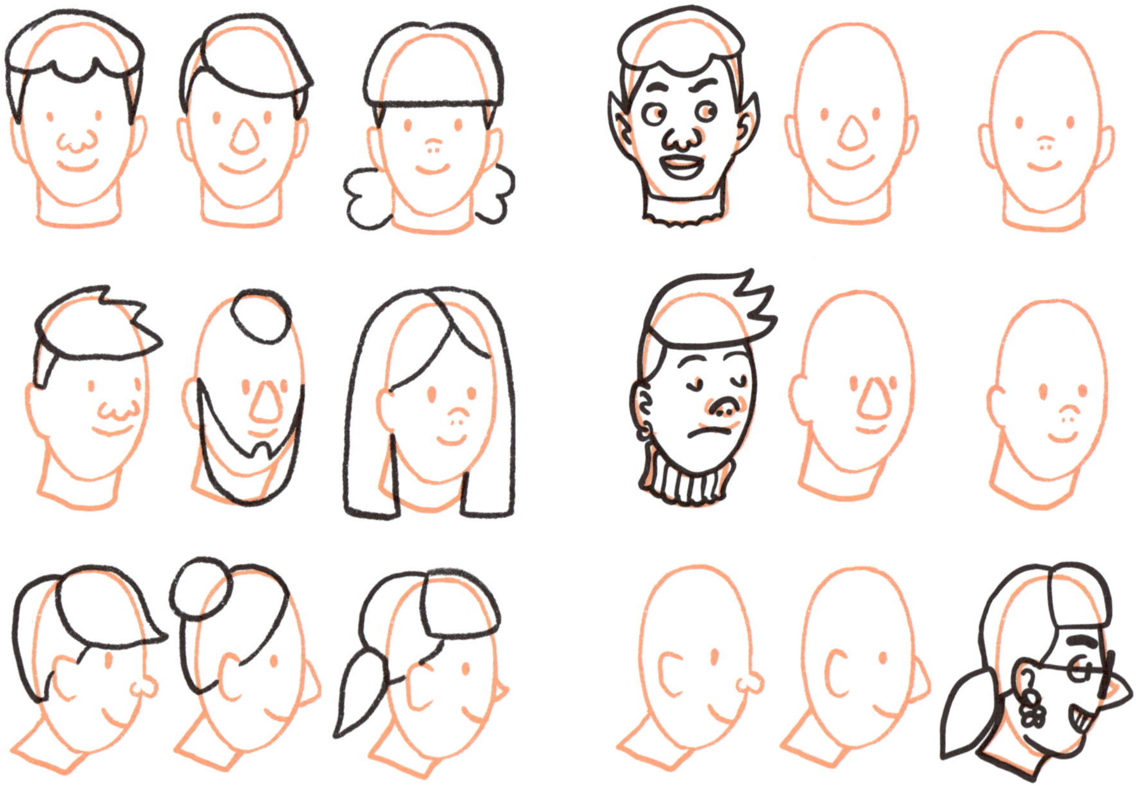

Übertrage auch diese Frisuren und erschaffe mit dem Fineliner eigene Charakterköpfe:

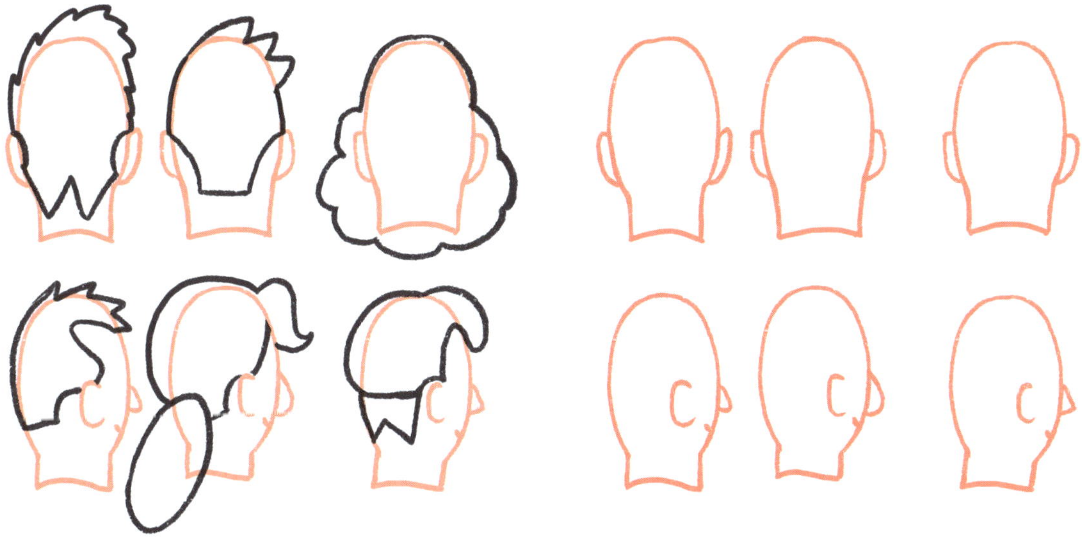

Denk dir selbst Frisuren aus und zeichne sie auf die Köpfe. Jetzt weißt du, wie es geht: Skizziere mit Bleistift einfache Formen vor, dann zeichne mit Fineliner darüber.

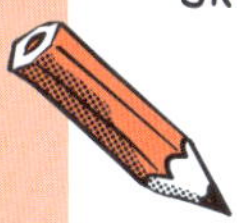

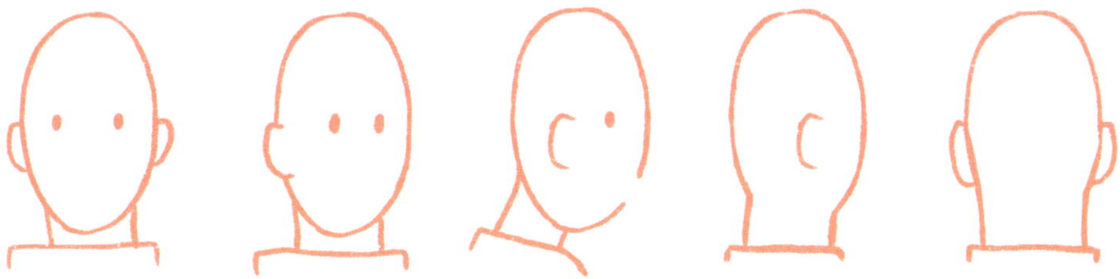

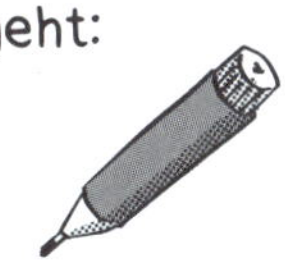

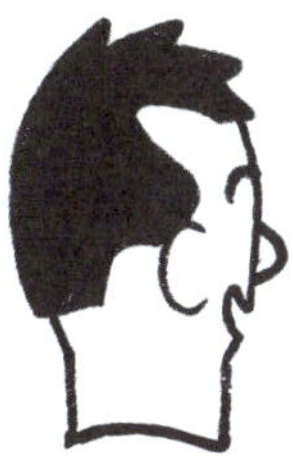

TIPP: Wenn du die Frisuren flächig ausmalst, sieht man die Linien vom Kopf nicht mehr durch.

DEIN DRITTER COMIC: MIT KÖPFEN

Nachdem du Köpfe von schräg vorne und schräg hinten geübt hast, zeichne einen Comic mit einem Paar im Gespräch.

1. Nutze die farbigen Vorzeichnungen und gestalte mit Fineliner eigene Figuren darüber.

2. Ergänze in den Sprechblasen, wie sie sich gegenseitig überschwänglich loben!

Nimm dazu zwei Anregungen aus den Gesprächsvorschlägen oder erfinde selbst Themen:

Beim Rätselwettbewerb gewinnen

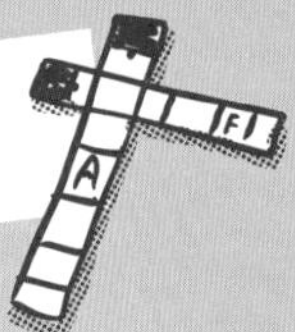

Appetitlich Burger essen

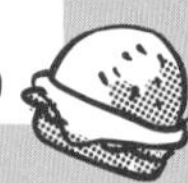

Den Vogel zum Fluchen bringen

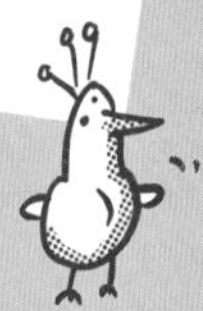

Zwölf Autos reparieren

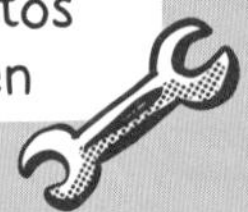

Die Geige zersägen

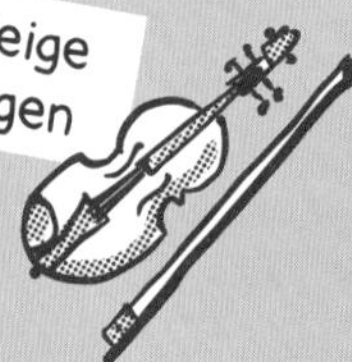

Steine in den Schlaf singen.

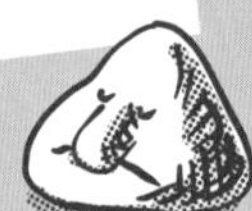

»Die Lobhudelei«

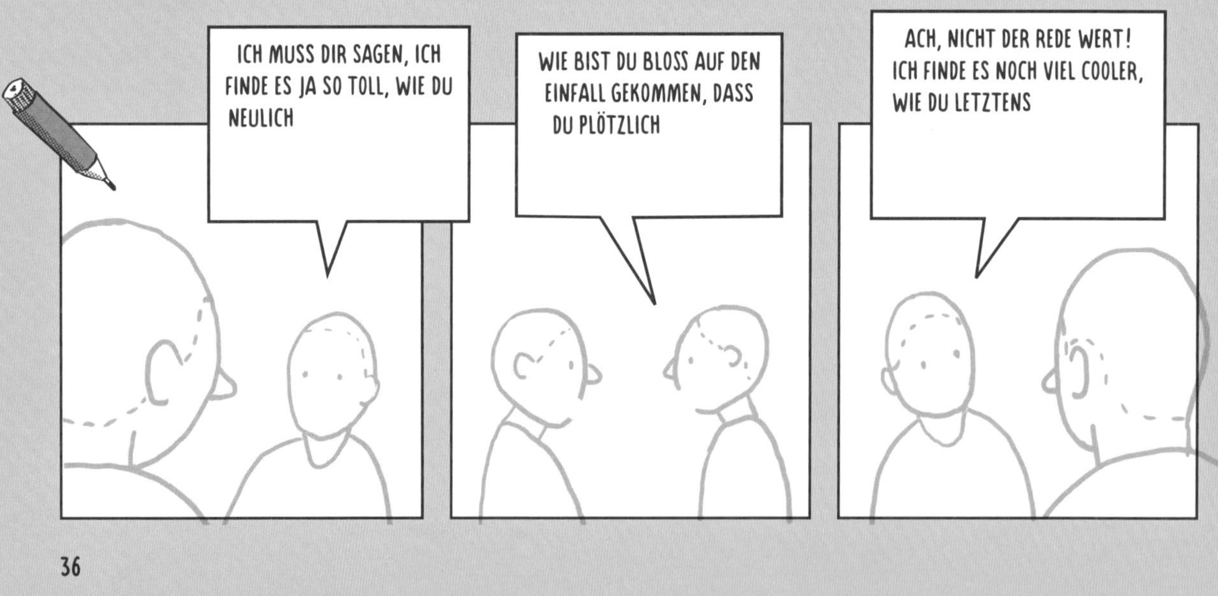

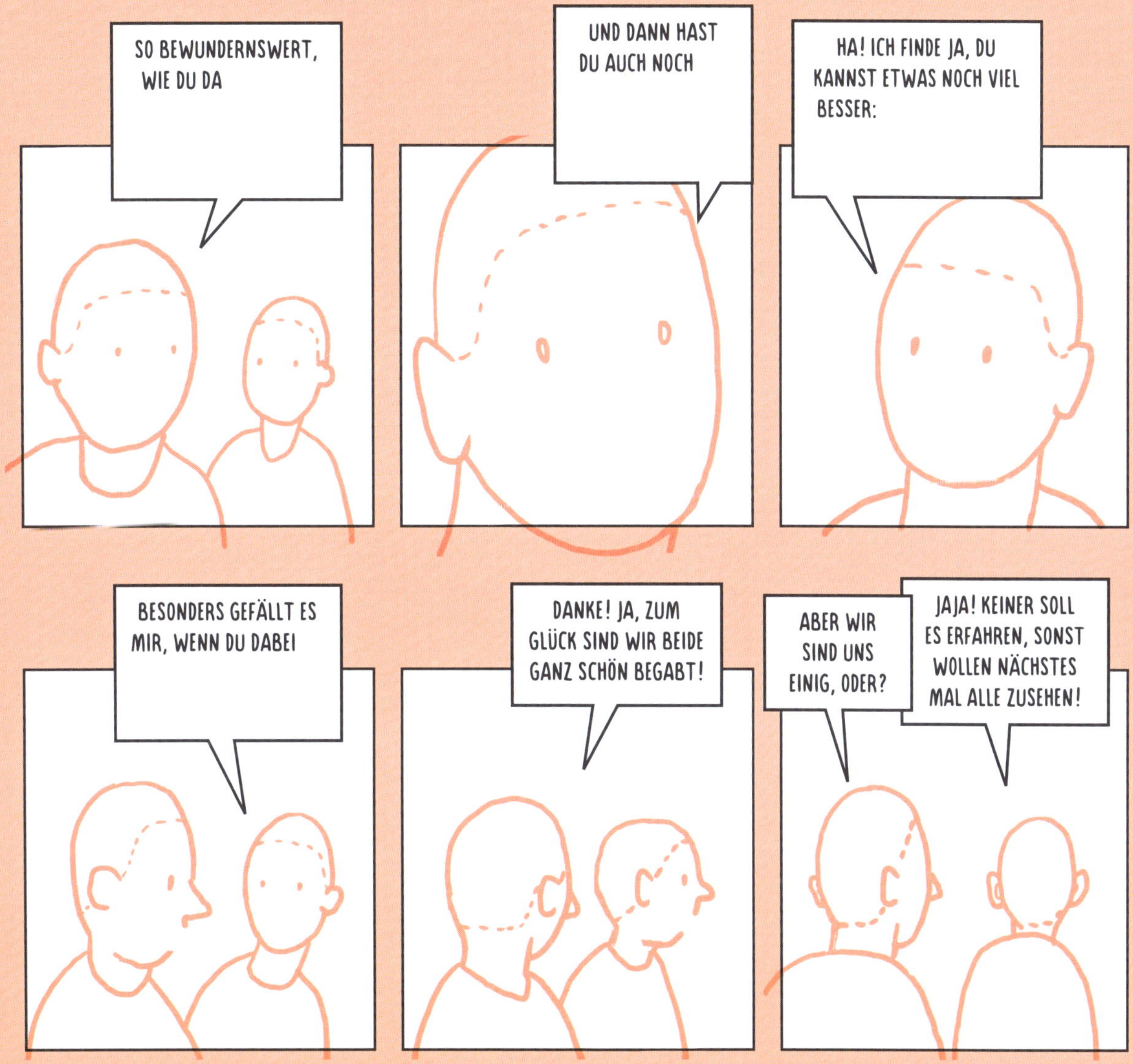

Bemerke, dass sich die Figuren zwar drehen. Aber die linke Figur bleibt immer links und die rechte Figur rechts. Auf diese Weise bleibt es für das Publikum den ganzen Comic über leicht, einzuordnen, wer wer ist. Selbst, wenn du Zwillinge gezeichnet hast.

REALISTISCHERE KÖPFE UND GESICHTER ZEICHNEN

Proportionen des Gesichts

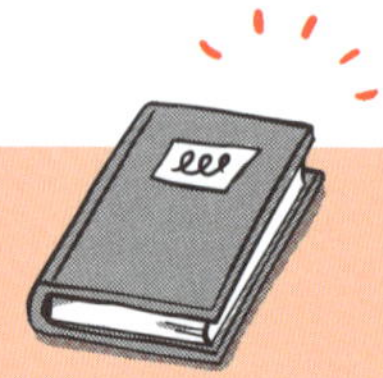

Für »echtere« Köpfe kannst du die roten Konstruktionshilfen für die Proportionen nutzen. Zeichne sie nach! Entweder in dein Skizzenbuch, oder in einen karierten Kollege-Block. Mit ein bisschen Übung brauchst du das Gitter später nicht mehr.

Von schräg vorne

1. Kopiere dir das Gitter-Quadrat in dein Skizzenbuch 2). Setze zwei Kreise hinein. Schau, wie sie im Gitter sitzen, sie sind unterschiedlich groß! 3. Zeichne die Köpfe nach.

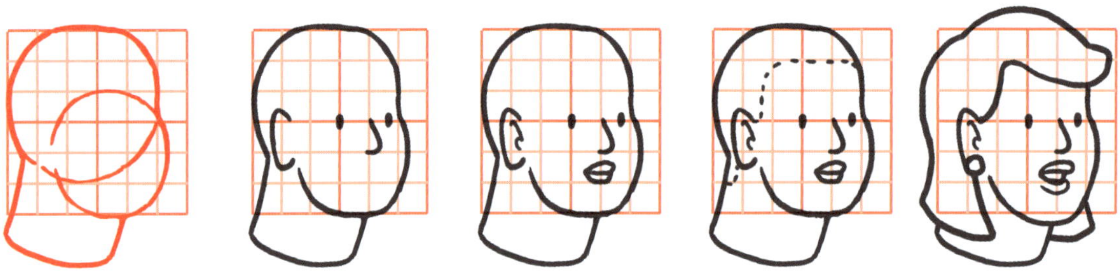

Zwei Kreise im Gitter. Ein schräger Hals.

Die Augenpartie sitzt im mittleren Drittel.

Schau, wo die Unterlippe aufliegt.

Der Haaransatz von schräg vorne.

Der Kopf mit Frisur.

Von der Seite

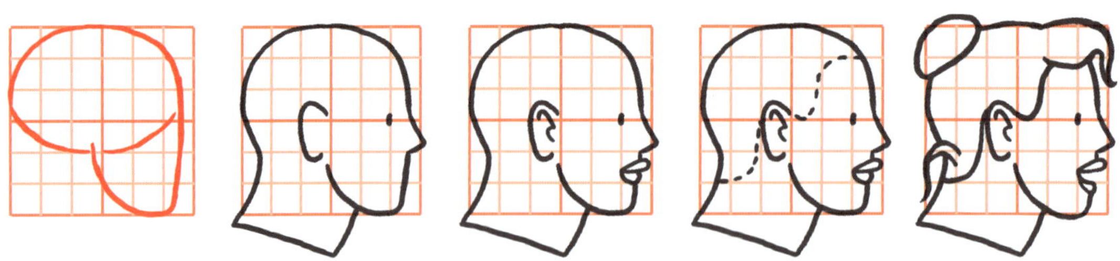

Hier die Seitenansicht. Der ganze Kopf passt (fast) in das Quadrat. Diesmal fang mit einem Oval an. Das Kinn ist dann eine Art Dreieck nach unten. Setze den Ohransatz in die Mitte.

Von schräg hinten

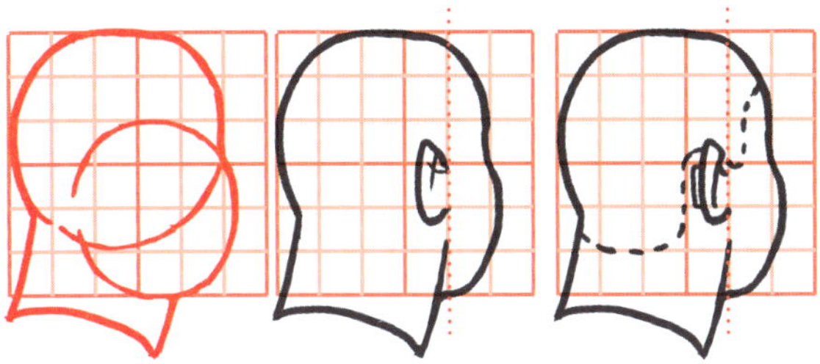

Wieder zwei Kreise im Gitter.

Das Ohr sitzt über der Verlängerung des Halses.

Das ist der Haaransatz von hinten.

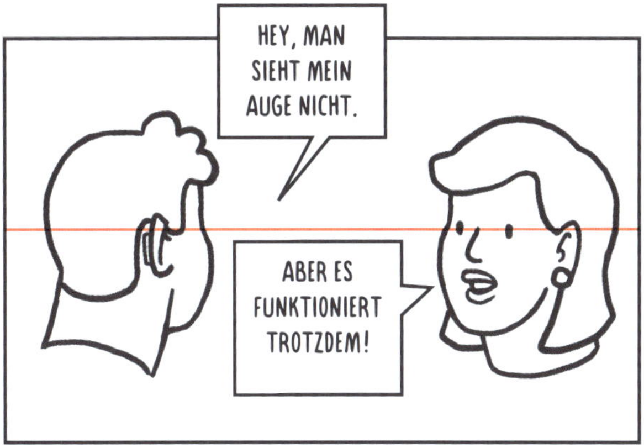

Das Gesicht ist von schräg hinten nicht gut zu sehen, häufig auch die Nase nicht. Dennoch ist die Ansicht von schräg hinten oft praktisch, um Dialoge zu zeichnen.

Jetzt du! Zeichne mit Fineliner selbst Köpfe von schräg hinten über diese Vorlagen.

Was sagt wohl das Tierchen? Schreib was in die Blase.

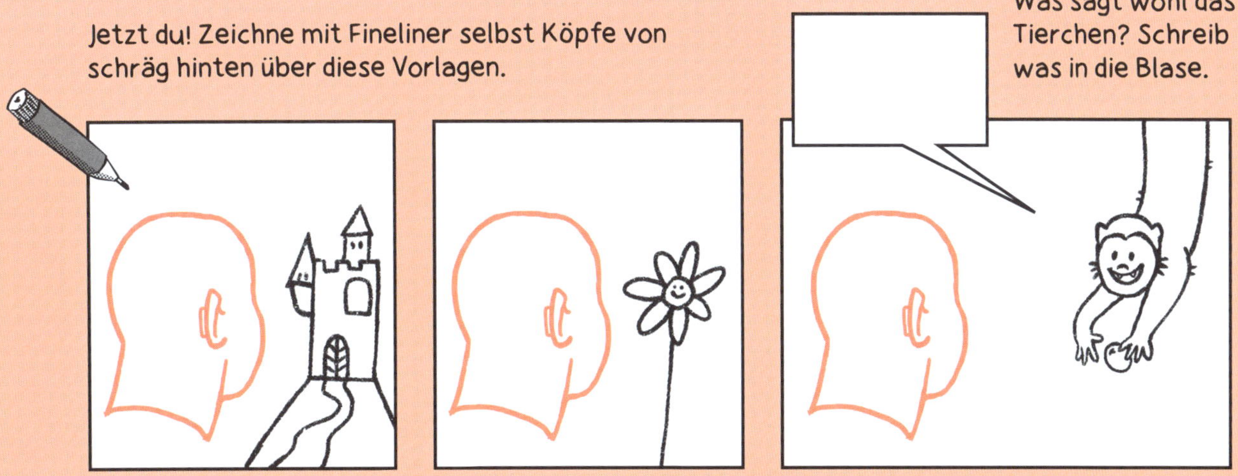

MÄNNLICH, WEIBLICH, JUNG UND ALT

Frauen- und Männerköpfe können sehr ähnliche Formen haben. Unterschiede gibt es bei Haaransatz (hier farbig), Augenbrauen, Wangen, Kinn und Hals.

Aber alles ist möglich. Das ist wunderbar fürs Comiczeichnen!

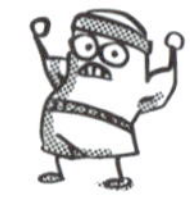

Susi

Fürs Älterwerden gibt es auch einige Klischees für Männer sowie für Frauen:

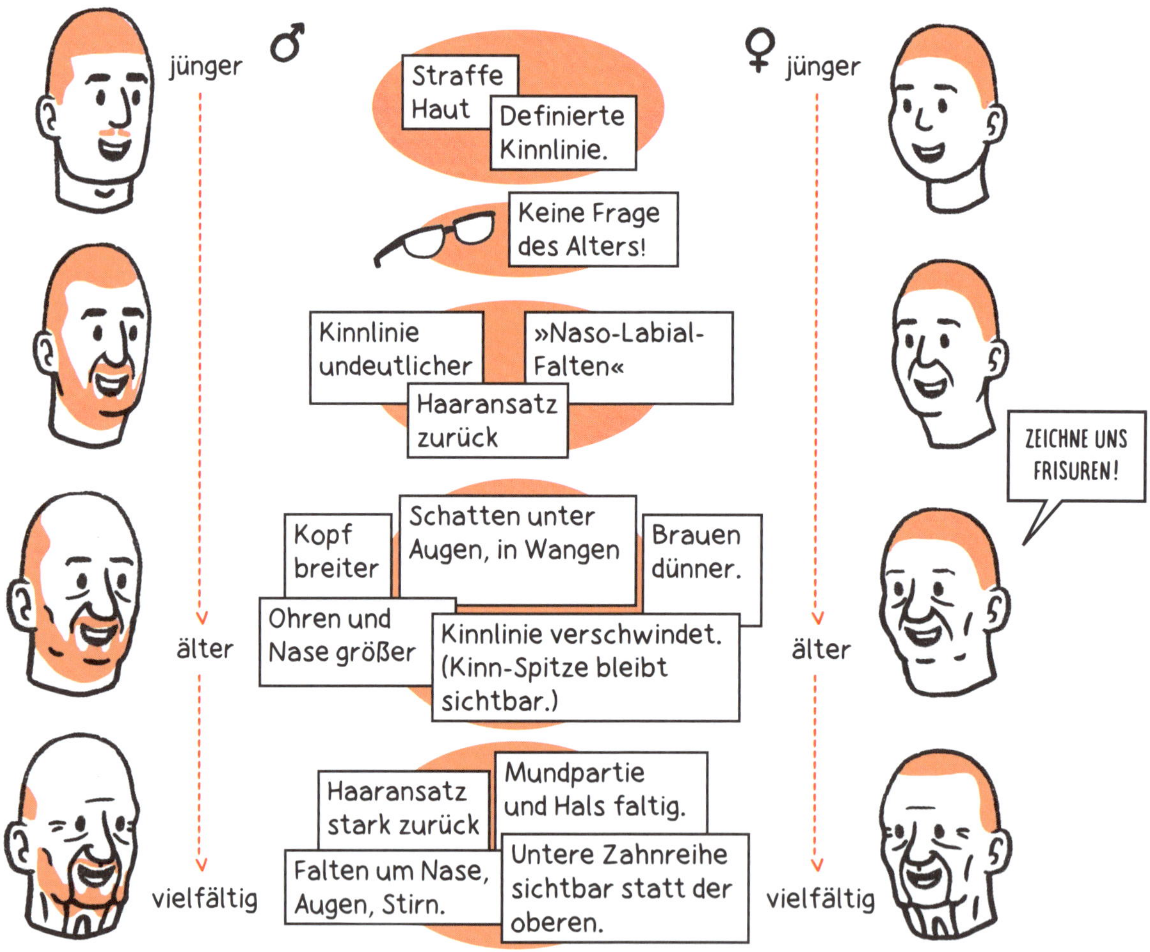

CHARAKTERE ZEICHNEN MIT GRUNDFORMEN

In Comics willst du Figuren öfter zeichnen und wiederholen können. Mit einfachen Formen als Gerüste kannst du Köpfe aus Grundformen abwandeln und interessante Charaktere daraus entwickeln.

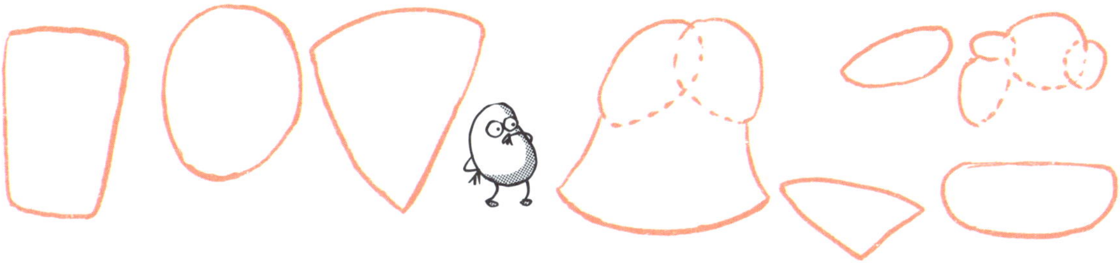

Die Köpfe selber können ein Rechteck, ein Kreis oder ein Dreieck sein ...

... die Frisuren flache oder kartoffelartige Kreise, Wolken oder andere einfache Formen.

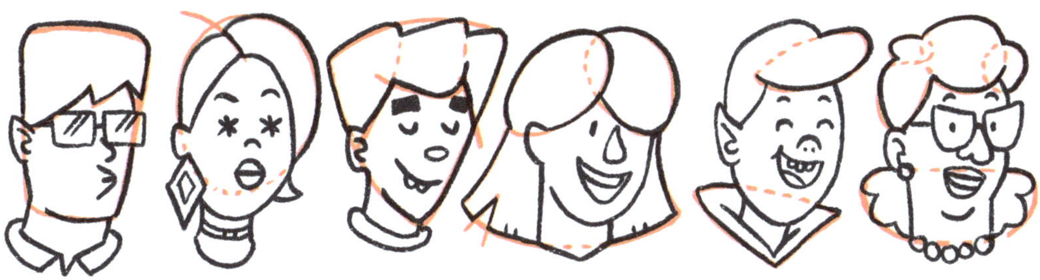

Nimm die Beispiel-Charaktere als Vorbild und zeichne mit Fineliner über die Vorzeichnungen:

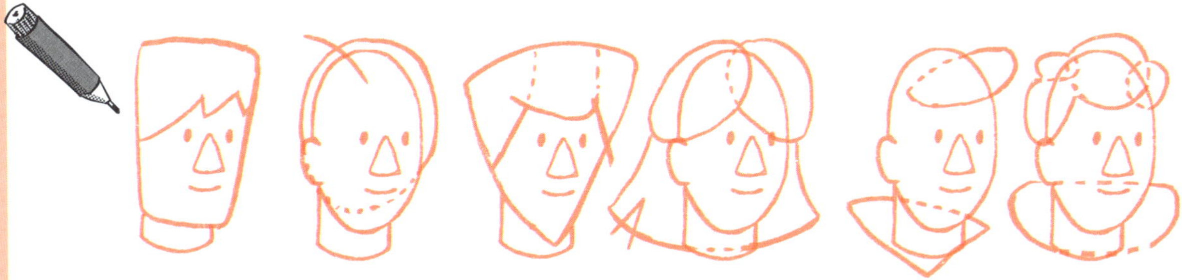

NOCH MEHR CHARAKTERE VON HINTEN

Grundformen und Hilfslinien lohnen sich. Wusstest du, dass du einen Comic-Charakter auch von hinten zeichnen kannst, wenn du ihn von vorne entworfen hast?

Das sind die bereits bekannten Charaktere von schräg vorne (und ein bisschen jünger).

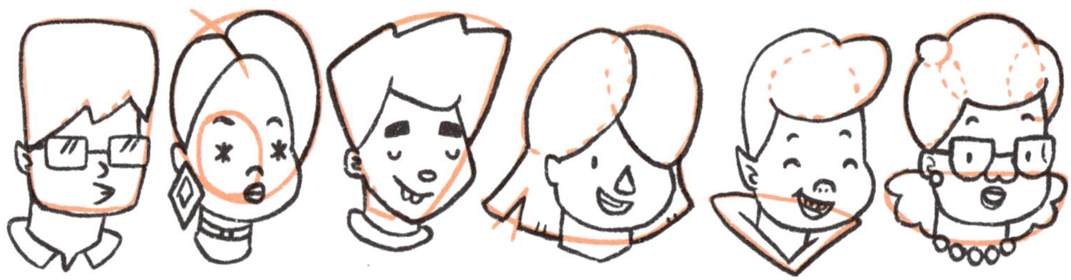

Das sind ihre Silhouetten (der Schatten-Umriss):

Und das sind ihre Köpfe von schräg hinten.

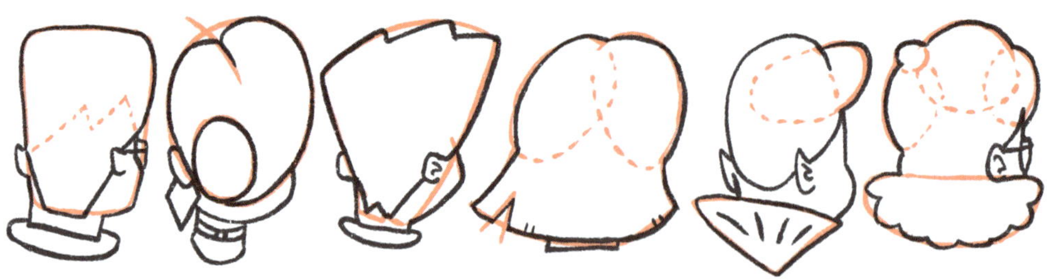

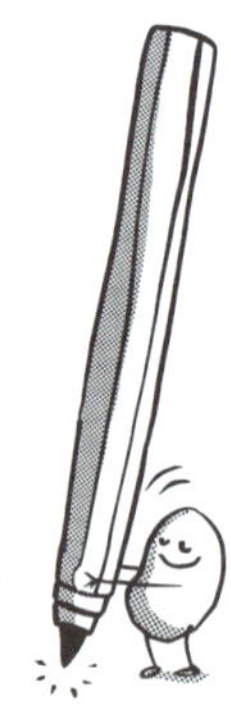

Merkst du was? Die Formen und die Silhouetten sind gleich!
Du musst dir nur noch überlegen, wie ihre Frisuren von hinten aussehen sollen ...

DAS KINDCHENSCHEMA

Möchtest du süße Figuren entwerfen? Dann verwandle die Figuren in Kleinkinder! Hier kannst du dir anschauen, wie das sogenannte Kindchenschema funktioniert.

Setz die Augen tief und plustere die Backen auf: Schon werden die Charaktere total niedlich.

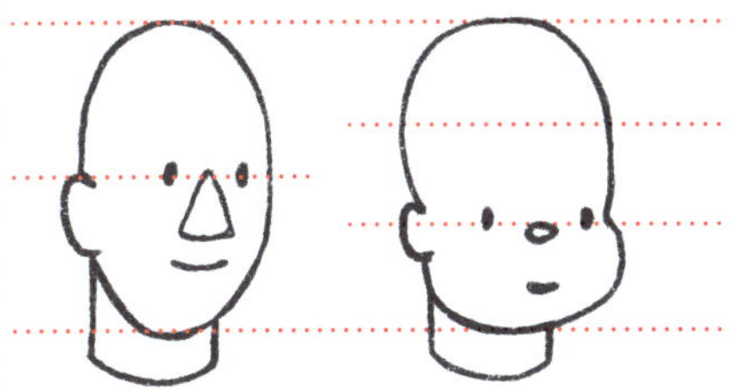

Beim Kindchenschema zeichnest du die Augen ins untere Drittel des Kopfes. Und weiter auseinander.

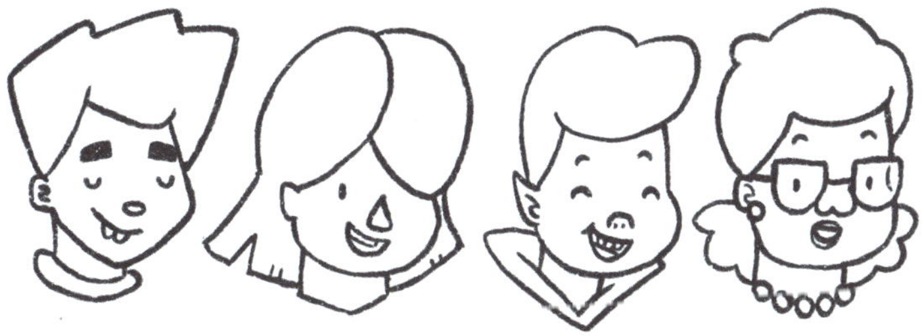

Das sind die Charaktere von der vorigen Seite im Kindchenschema gezeichnet.

Nimm selbst deinen Fineliner und verwandle diese Köpfe in Charaktere. 1. Zeichne frei über die farbigen und grauen Hilfslinien. 2. Bei den Köpfen unten zeichne erst mit Bleistift vor.

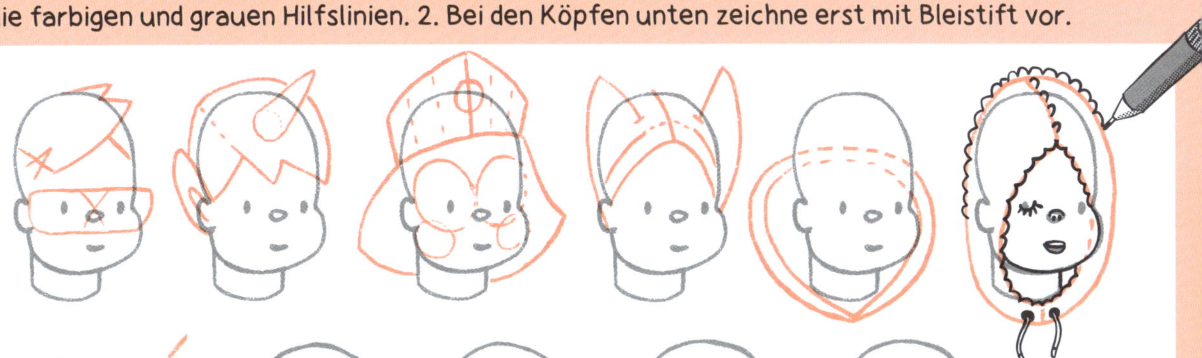

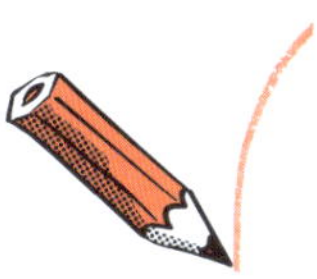

Fallen dir eigene Formen ein?

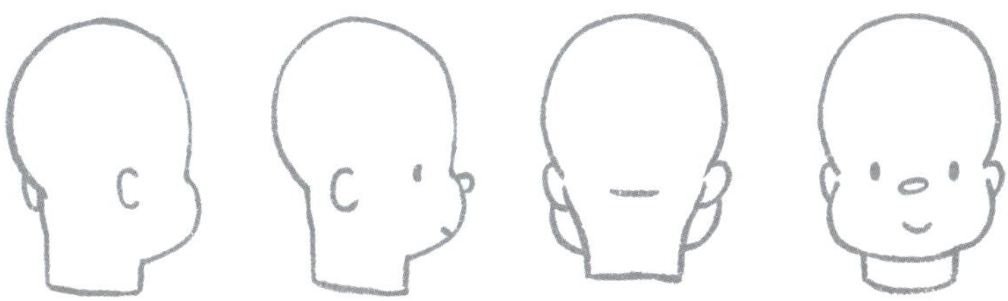

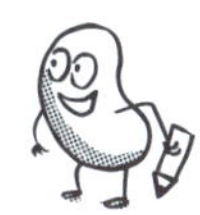

KAPITEL 4: KÖRPER UND GANZE FIGUR

REALISTISCHE PROPORTIONEN

Lass uns eine ganze menschliche Figur zeichnen. Hier siehst du die Proportionen für eine »normal große« Grundfigur. Du kannst sie später abwandeln.

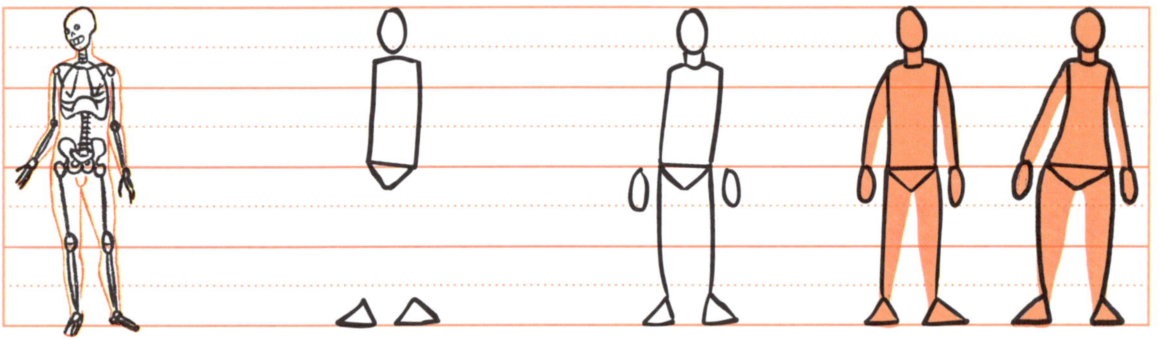

So sitzt ein Skelett im menschlichen Körper.
Übernehmen wir die Proportionen!

Wir machen ein »O« als Kopf. Dann einen Kasten, der unten spitz zuläuft.

Dann zwei Dreiecke als Füße.

Zieh erst die Beine außen an der Hüfte als Striche runter.

Dann mach Hand-Ovale.

Verbinde die Ovale mit zwei Linien an den Schultern.

Volumen machen wir später dazu.

Nimm deinen Bleistift und nimm dir diese Strichfiguren als Vorlage für den Raster rechts.

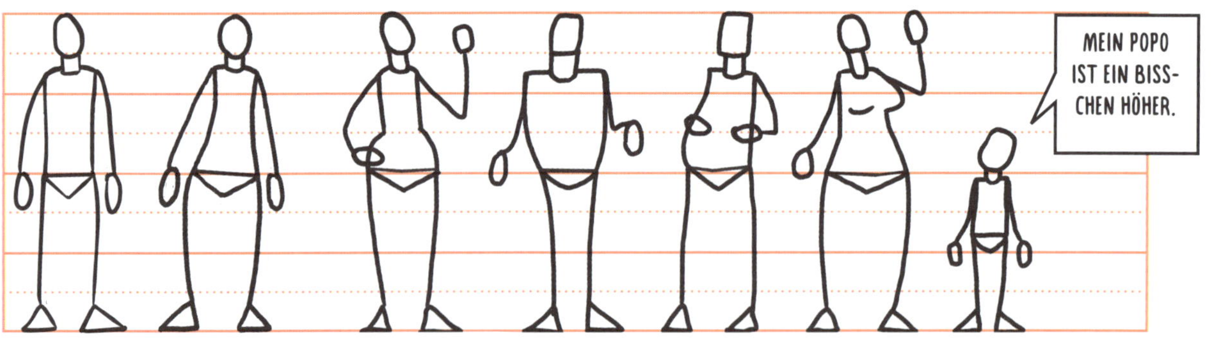

Die Grundfiguren üben

Zeichne Grundfiguren. Mach sie ruhig mal dicker oder dünner.
Kannst du sie auch einen Arm heben lassen oder ein Bein? Spiel ein bisschen mit den Möglichkeiten. Und mach es nicht zu exakt. Die Grundfigur soll nur eine Hilfe sein.

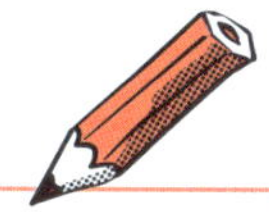

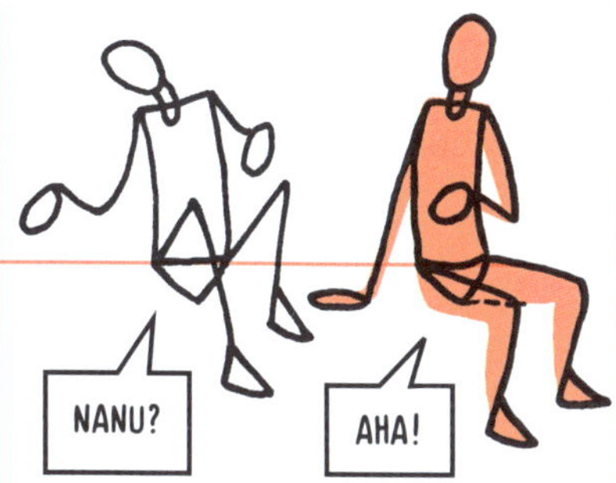

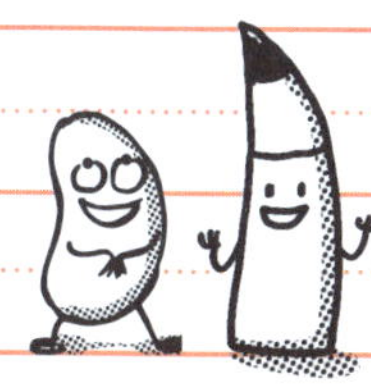

KÖRPER IN BEWEGUNG

Die Grundfigur in verschiedenen Positionen

Um deine Figur zu bewegen, hilft es sehr, die Grundfigur mit Bleistift als »Skelett« in der Pose vorzuzeichnen, die du dir wünscht. Damit das klappt, zeichnest du deiner Figur eine Art »Biegedraht« ein. Denk an sowas wie ihr Rückgrat, das ihre grundsätzliche Haltung vorgibt.

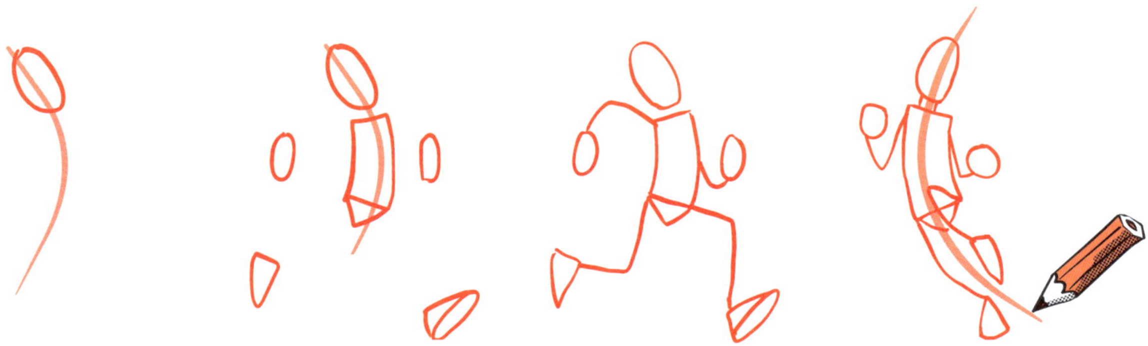

Du beginnst mit diesem »Biegedraht« und dem Kopf.

Danach zeichnest du Körper, Hand-Ovale und Fuß-Dreiecke.

Dann verbindest du diese mithilfe von »Armen« und »Beinen«.

Die Kurve am Anfang bringt Dynamik in deine Zeichnung!

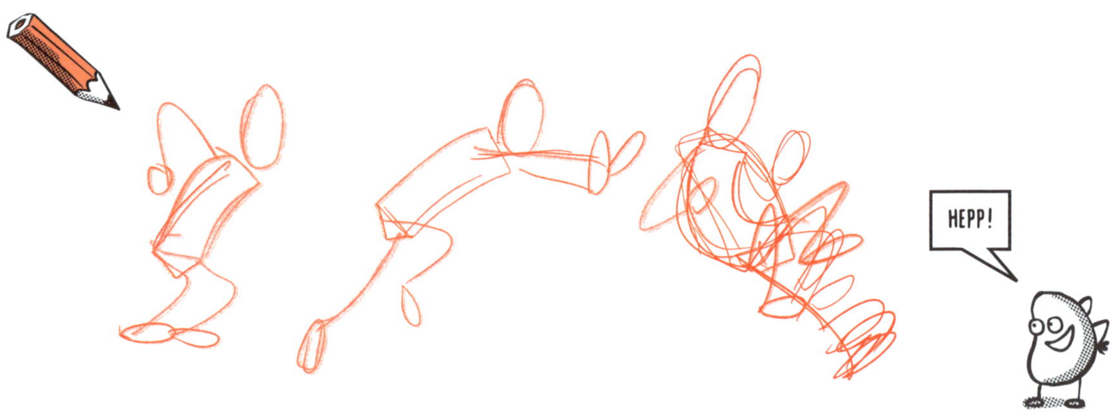

Probiere mit Bleistift mehrere Posen, bis dir eine gefällt.
Das darf auch mal sehr krakelig aussehen …

Bögen nutzen

Bögen als Hilfslinien sind super, vieles läuft bogenförmig ab. Zeichne dir Bögen vor!

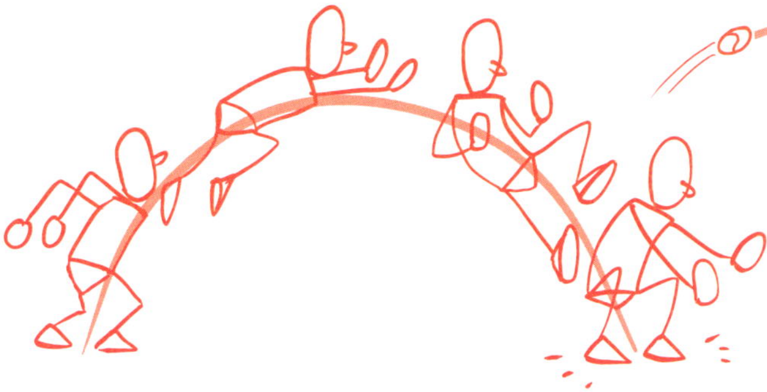

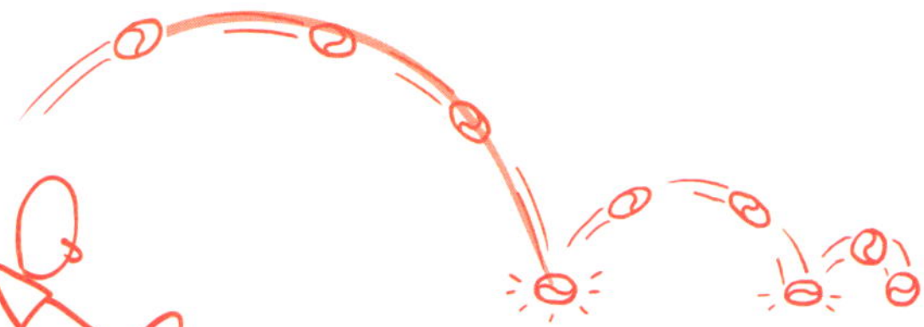

Von den Kanten des Balls gehen »Action Lines« aus. Das ist eine Art sichtbar gemachte »Flugbahn«!

Masse auf die Grundfigur zeichnen

KÖRPER UND GANZE FIGUR

Um deine Figur nach deinem Geschmack auszugestalten, zeichne mit Fineliner Masse auf die skizzierte Grundfigur.

Diese Masse kann alles sein: Muskeln, Kleidung oder Haare...

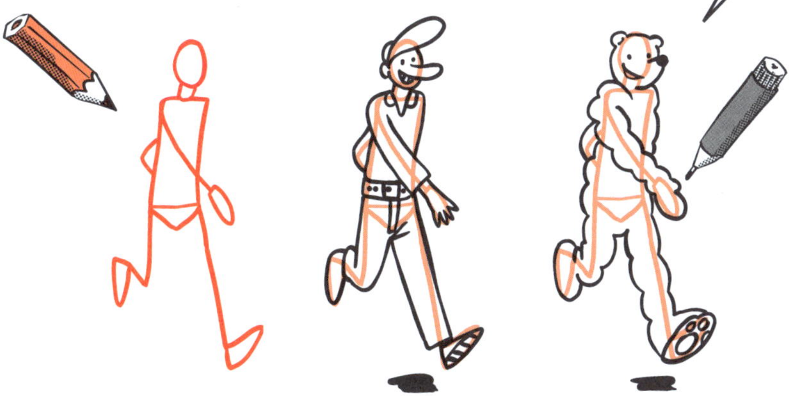

TIPPS:

Beobachte Leute, wenn sie sich bewegen!

Übe so oft es geht, Bewegungen in dein Skizzenbuch zu skribbeln!

Zeichne Bewegungen aus Lieblingscomics ab.

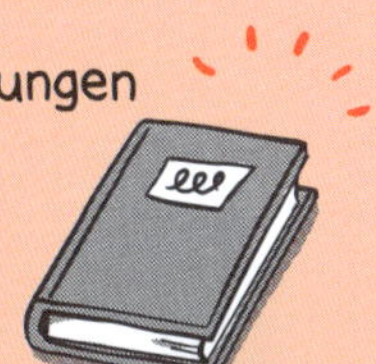

HÄNDE

Ovale, Bögen und Strichfinger

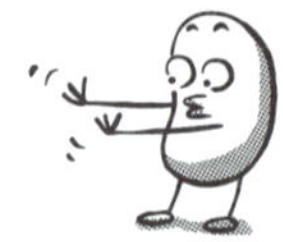

Hände zeichnen ist interessant. Mit Hilfskonstruktionen wird es ein bisschen leichter.

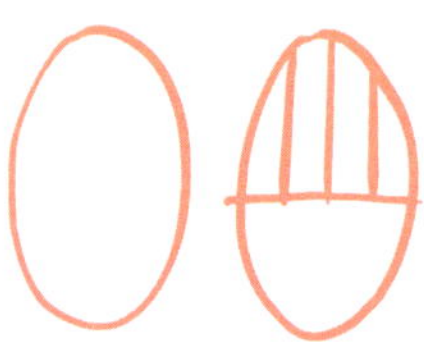

Das Oval wie eine Pfote

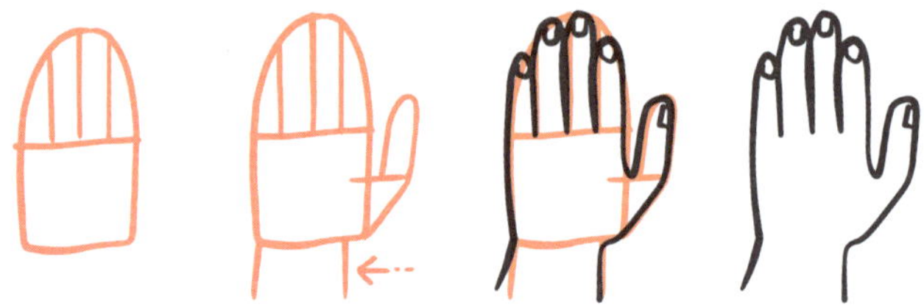

So sieht es aus, wenn du den Handteller eckig machst.

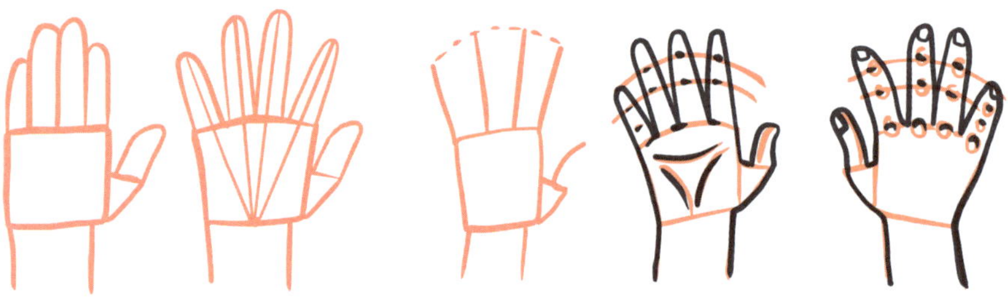

Probier mal beides: Wurstfinger oder Strichfinger als Vorzeichnung. Skizziere Bögen, wo die Fingerspitzen und Knubbel sind.

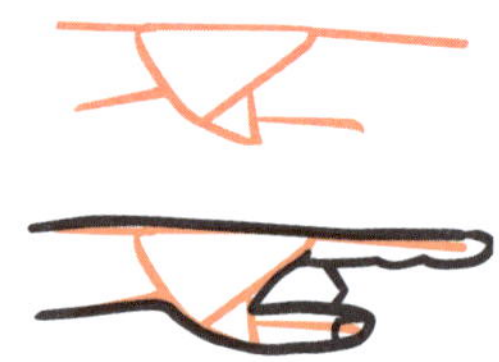

Dreiecke helfen bei der Seitenansicht.

So kannst du die Finger abknicken:

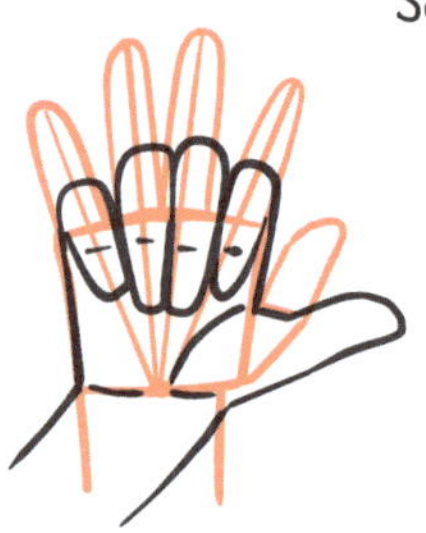

Finger nach innen!

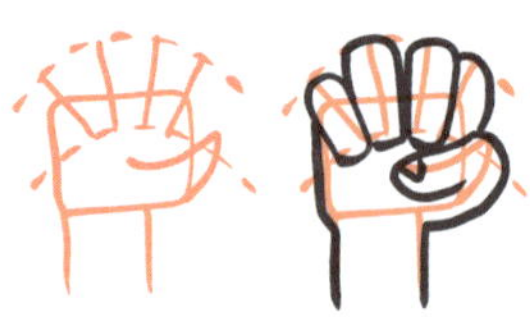

Eine Faust

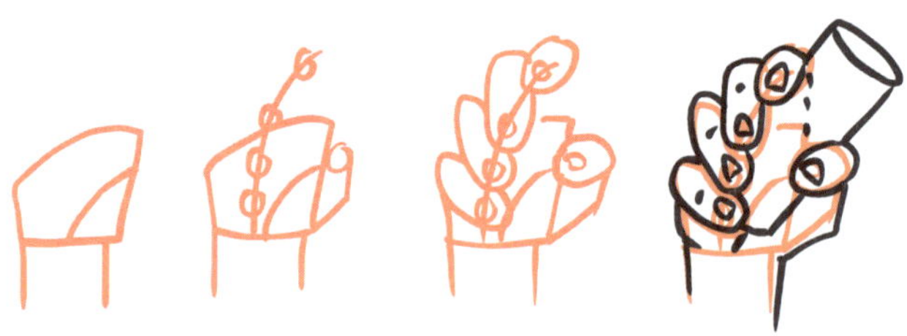

»Etwas halten« hat auch Bögen ... und ist tricky.

Probier es! Nimm deinen Fineliner und zeichne selbst Hände über die farbigen Hilfslinien.

Nimm dir Anregung bei den schon »fertigen« Händen.

Entwirfst du auch eigene?

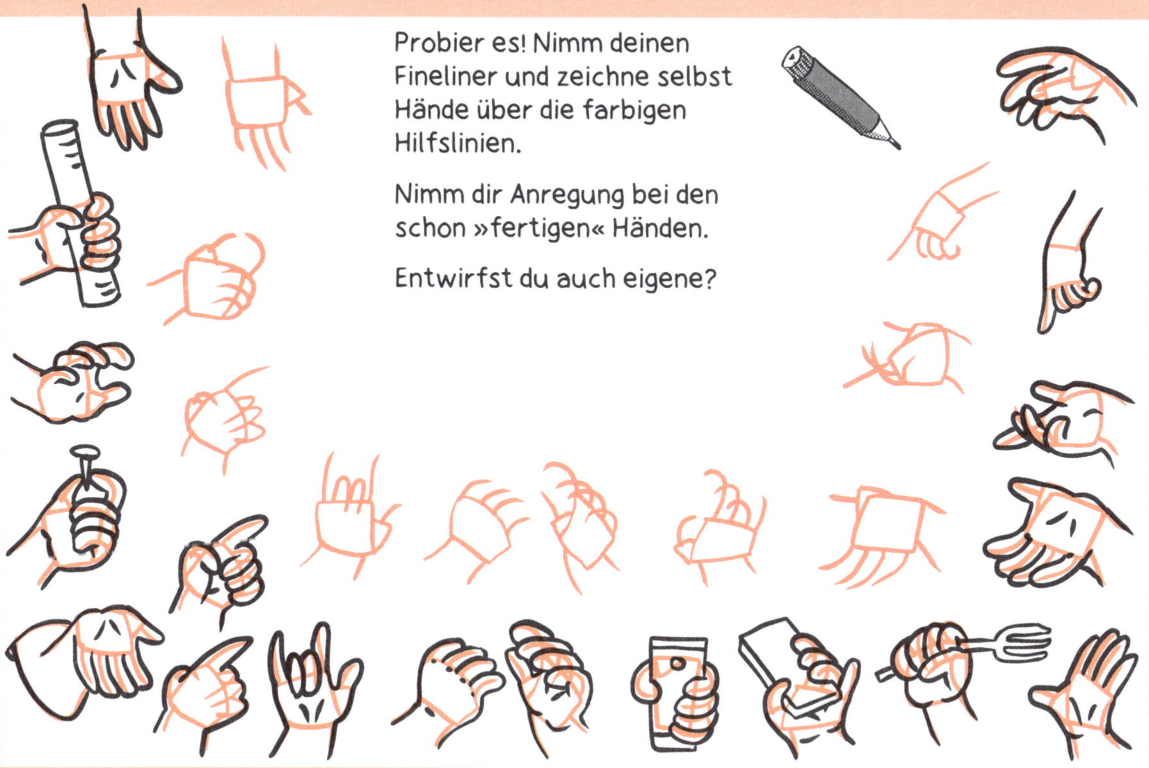

Hier sind fünf Methoden, wenn es schnell gehen soll oder wenn du es dir leicht machen willst:

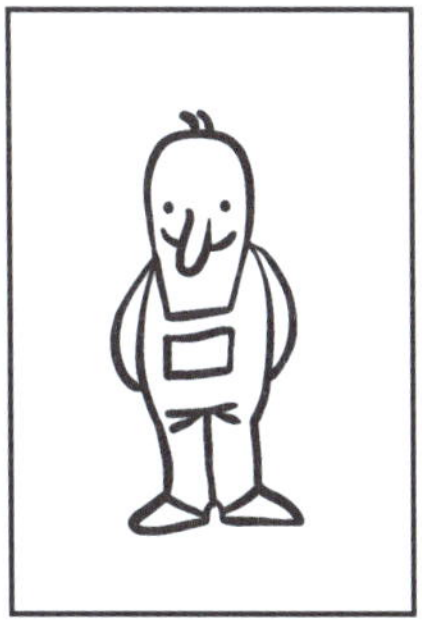

1. Keine Hände

2. Schummeln

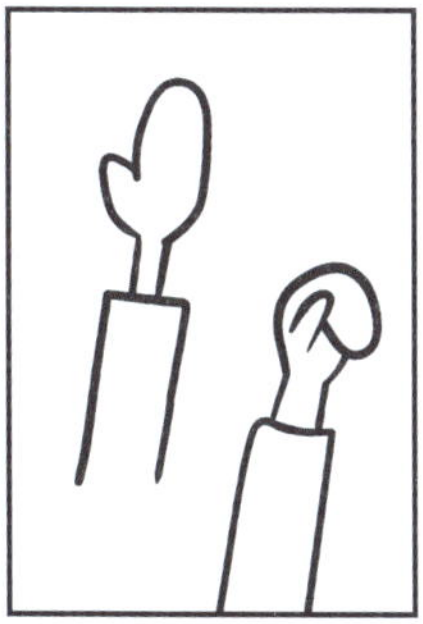

3. »Fäustlinge«

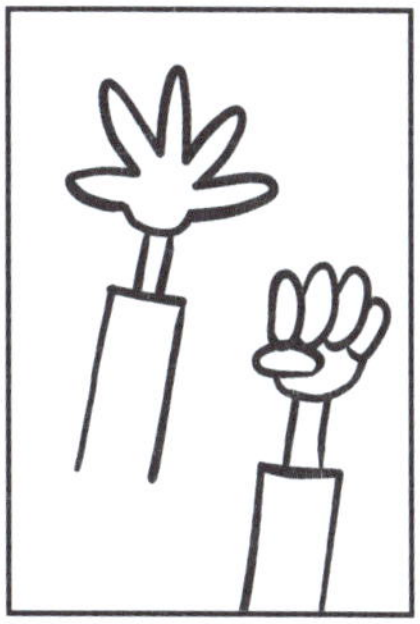

4. »Die Blume«

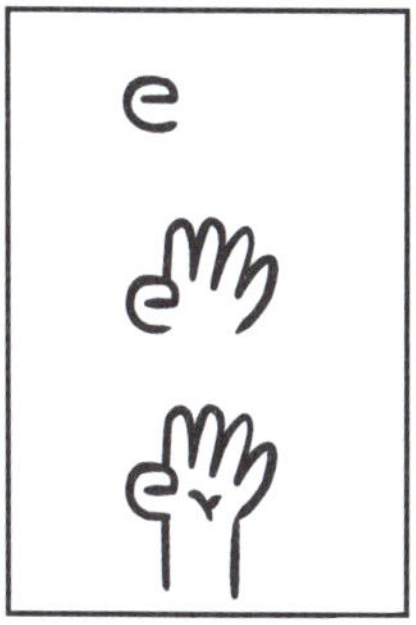

5. »e«-Methode

Bewegung üben

Hier sind noch mehr Figuren in Bewegung. Sie haben schon Arme und Beine. Was tun sie wohl?
1. Gib den Figuren mit deinem Fineliner Details, also Haare und Kleider.
2. Schreib ihnen etwas in die Sprechblasen.

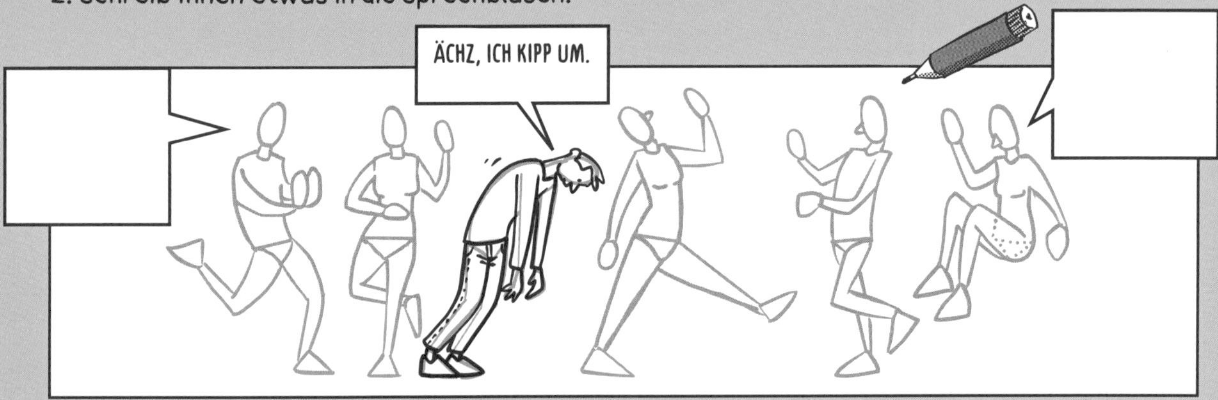

Stell dir vor, dass hier alle von schräg vorne gezeigt sind.

Und stell dir hier vor, dass alle von schräg hinten gezeigt sind.

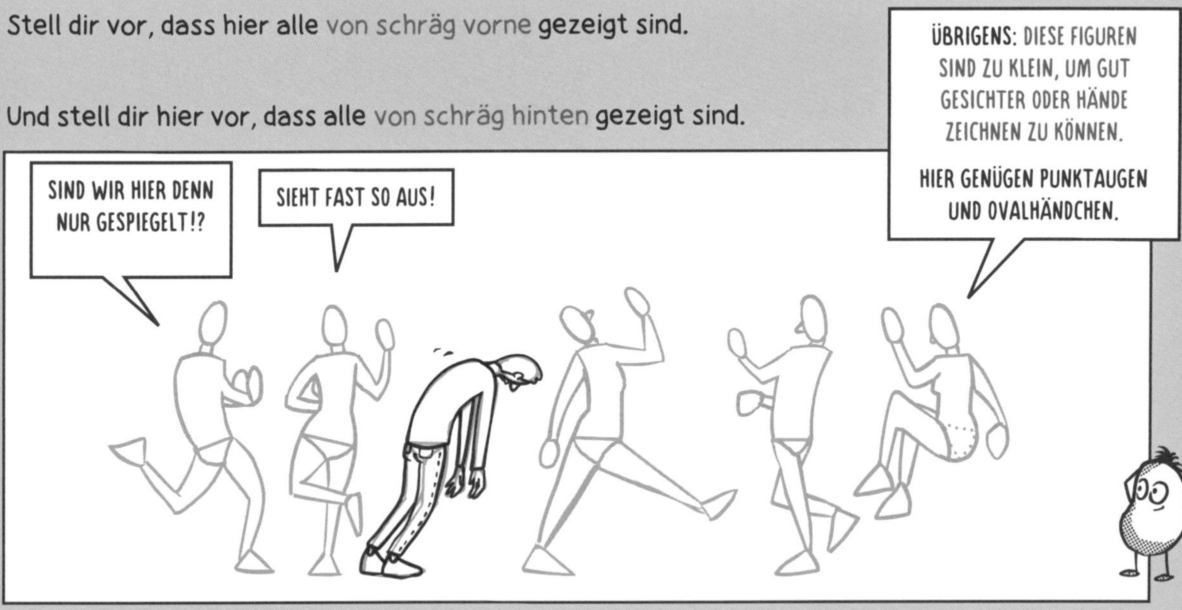

Für Comics: nicht nur realistisch

Im Comic kannst du alle Proportionen hemmungslos verzerren. Vergrößerte Köpfe, winzige Oberkörper, seltsame Nasen …

1. Nimm Bleistift und Radierer. Probier solche Figuren wie die auf der linken Seite, aber mit veränderten Körperteilen. 2. Dann zeichne mit dem Fineliner Details darüber.

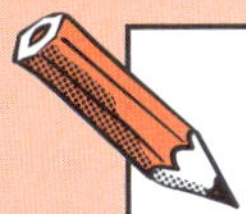

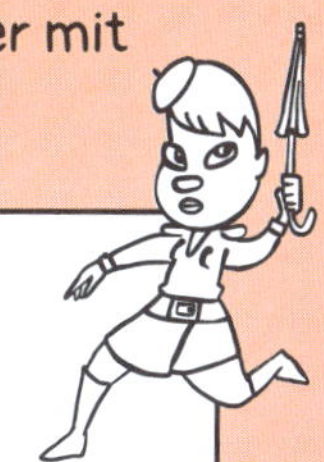

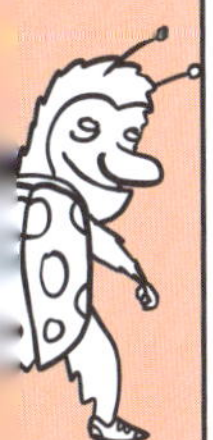

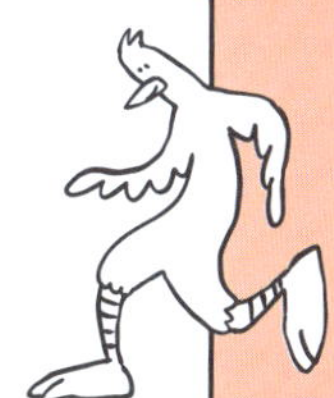

Hast du Lust, auch diese Gesellschaft mit Fineliner »auszuschmücken«?

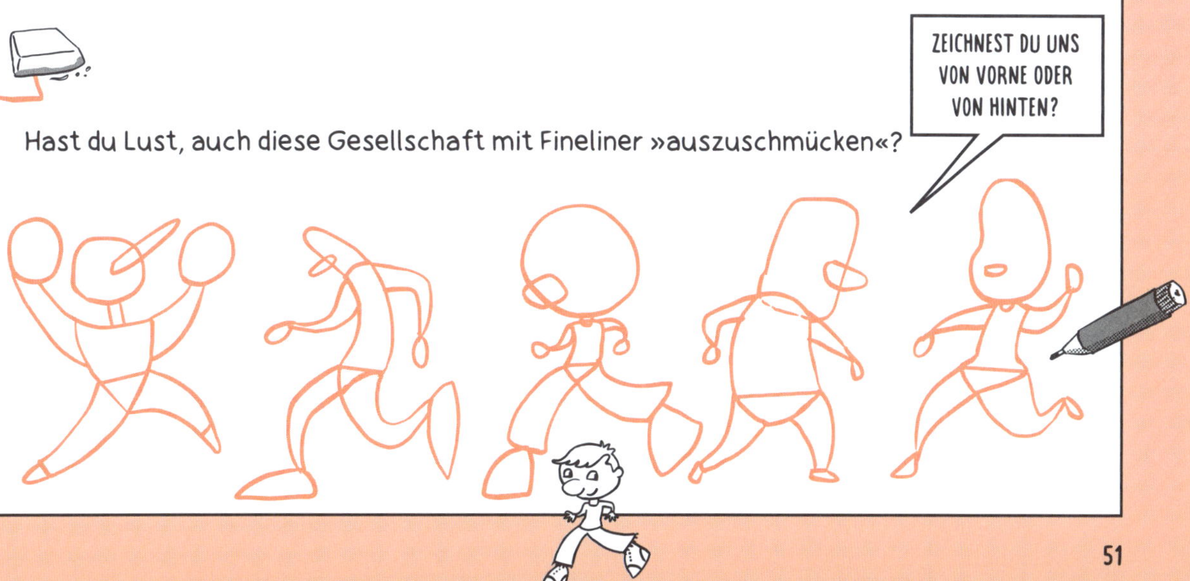

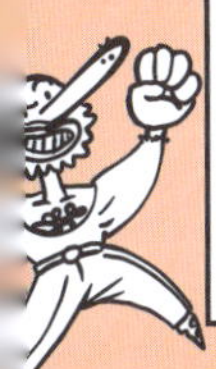

LÜCKEN-COMIC »Der Angriff«

Diesem Comic fehlen ein paar coole Figuren. Jetzt bist du dran. Schnapp dir Bleistift und Fineliner!

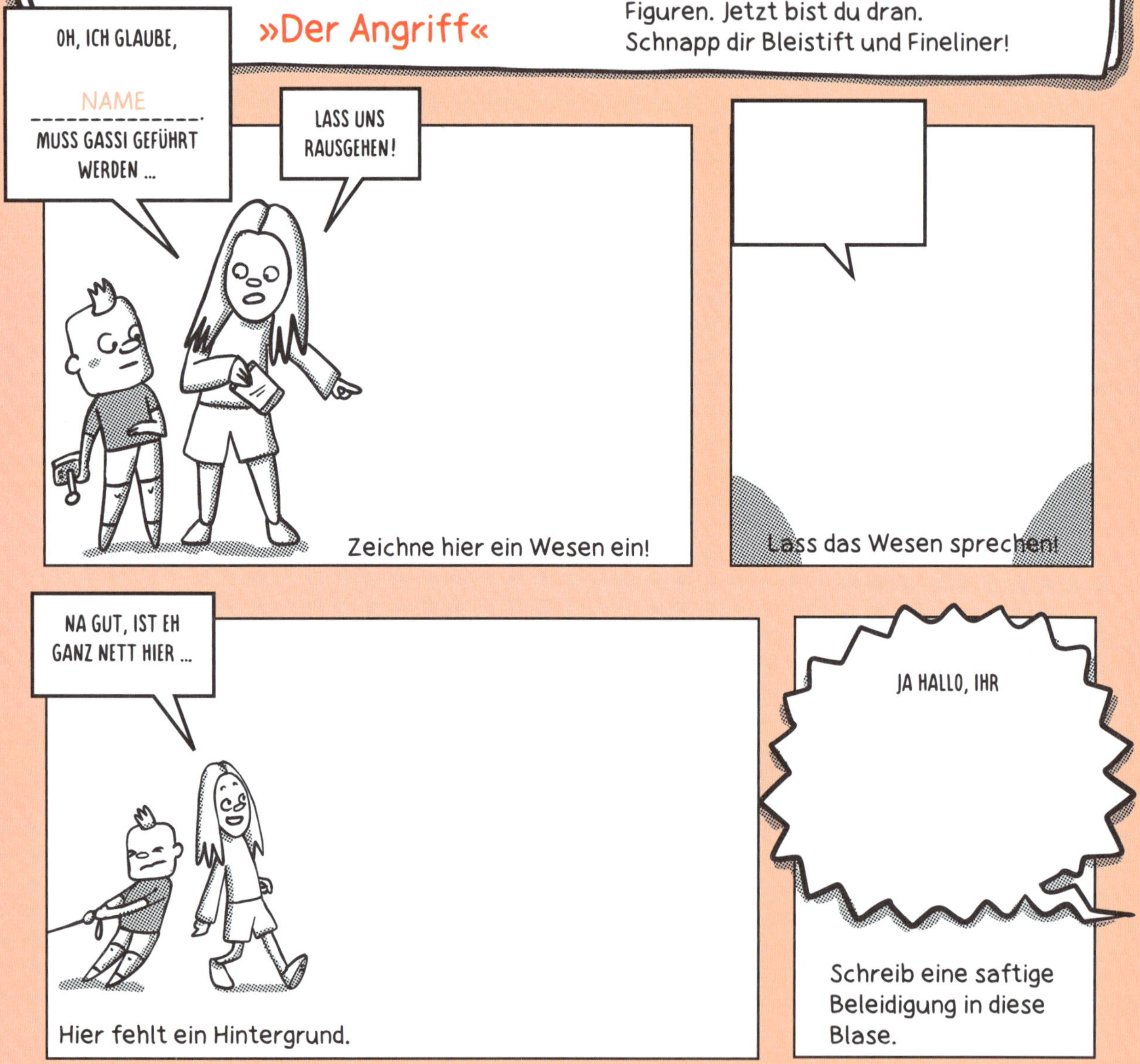

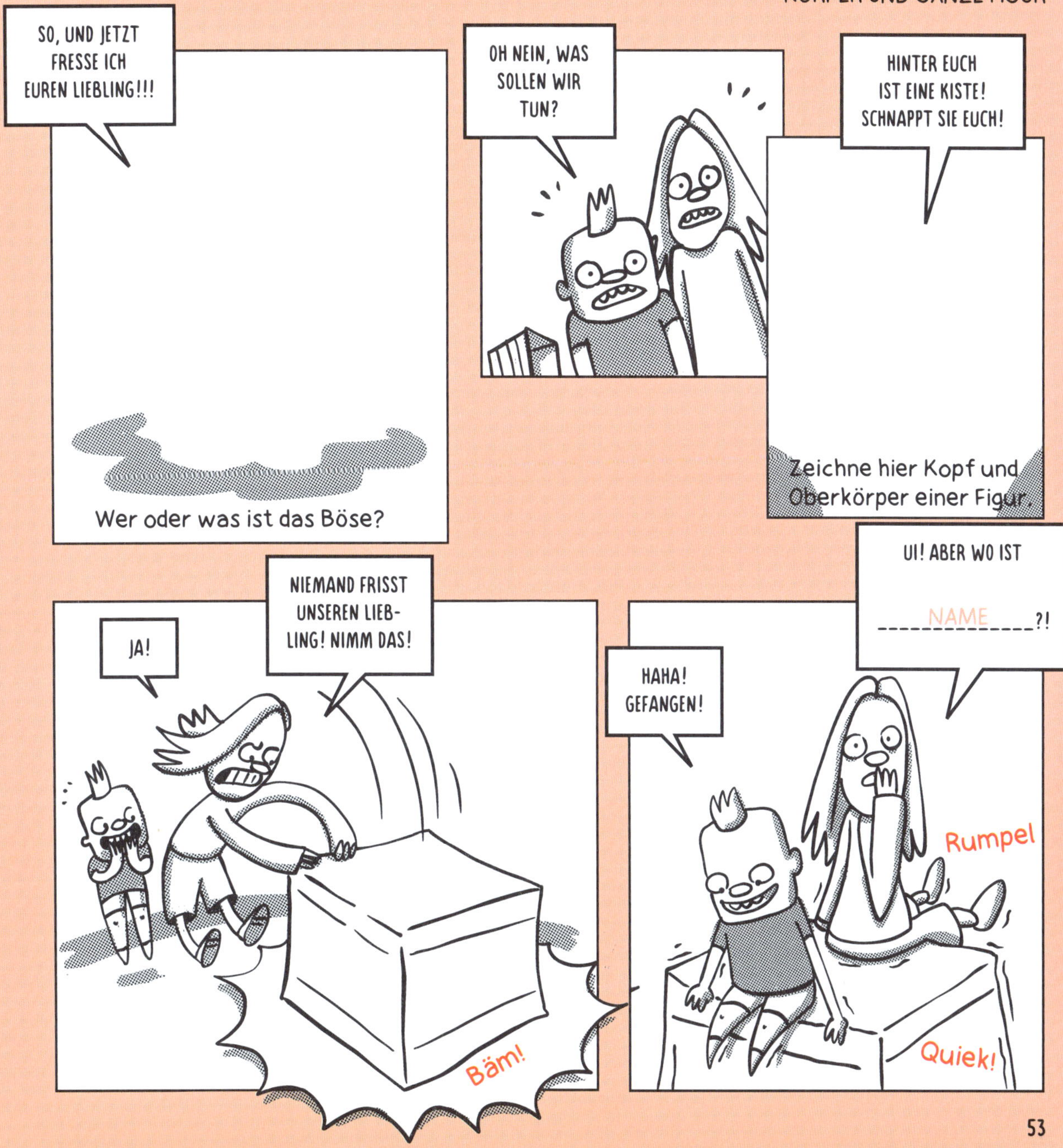
SO, UND JETZT FRESSE ICH EUREN LIEBLING!!!
Wer oder was ist das Böse?
OH NEIN, WAS SOLLEN WIR TUN?
HINTER EUCH IST EINE KISTE! SCHNAPPT SIE EUCH!
Zeichne hier Kopf und Oberkörper einer Figur.
JA!
NIEMAND FRISST UNSEREN LIEB-LING! NIMM DAS!
Bäm!
HAHA! GEFANGEN!
UI! ABER WO IST
NAME ?!
Rumpel
Quiek!

EINE EIGENE COMICWELT ENTWERFEN

Eine Umgebung und Figuren mit Charakter finden

Auf diesen Seiten kannst du eine interessante Hauptfigur in einer speziellen Welt entwerfen.

Dante, der Story-Höllenhund, wird dir dabei helfen.

Mit ihm lernst du beim Zeichnen einige Figuren kennen und entwirfst sie nach deinen Vorstellungen.

Es kann gut sein, dass du dabei einige Ideen für eine neue Geschichte bekommst.

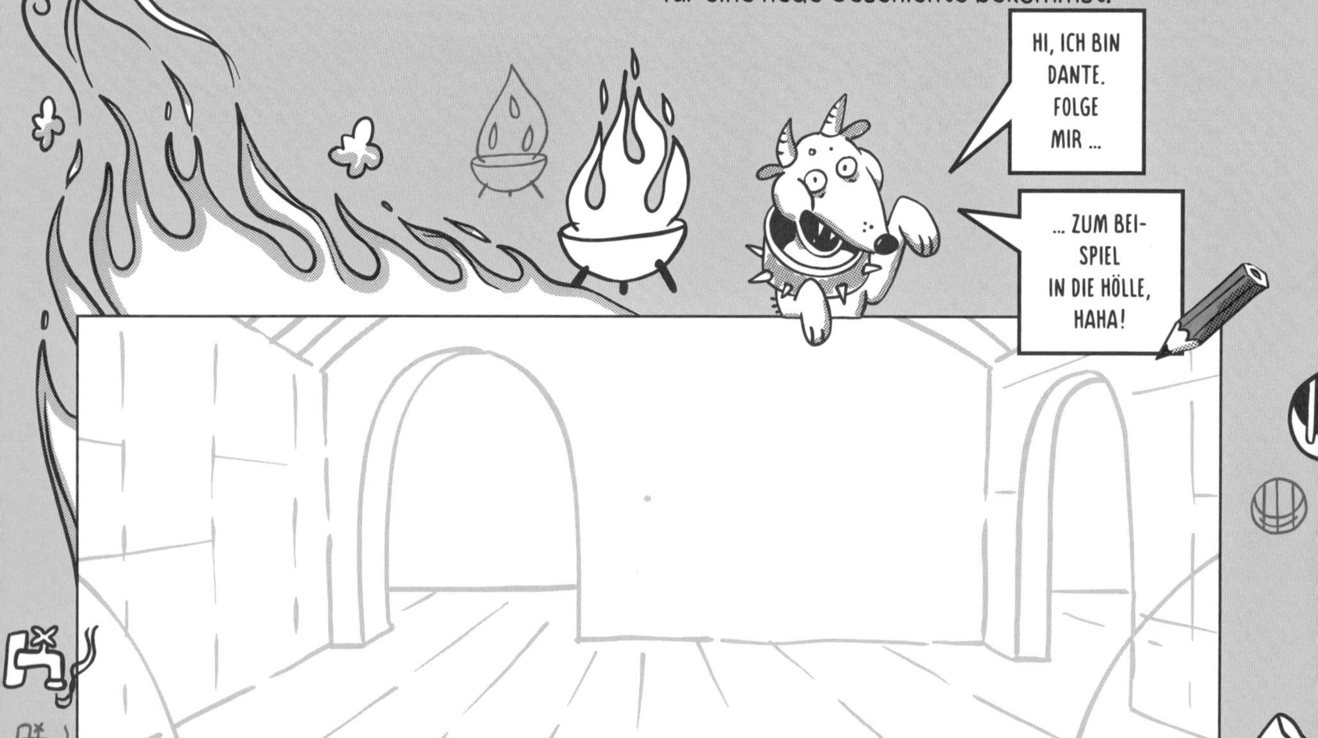

Wir beginnen mit einem spannenden Ort, der Hölle. Zeichne Dinge und Details auf diese »Bühne«. Schmücke sie aus. Die farbigen Linien sind ein Gerüst. Was ist an den Wänden? Hängt etwas von der Decke? Gibt es Türen? Gibt es Feuer? Merke: Es muss nicht »schön« werden!

Wenn du magst, lass dich beim Hölle-Zeichnen von diesen Dingen anregen:
Wie sie aufgebaut sind, siehst du wieder an den farbigen Konstruktionszeichnungen.

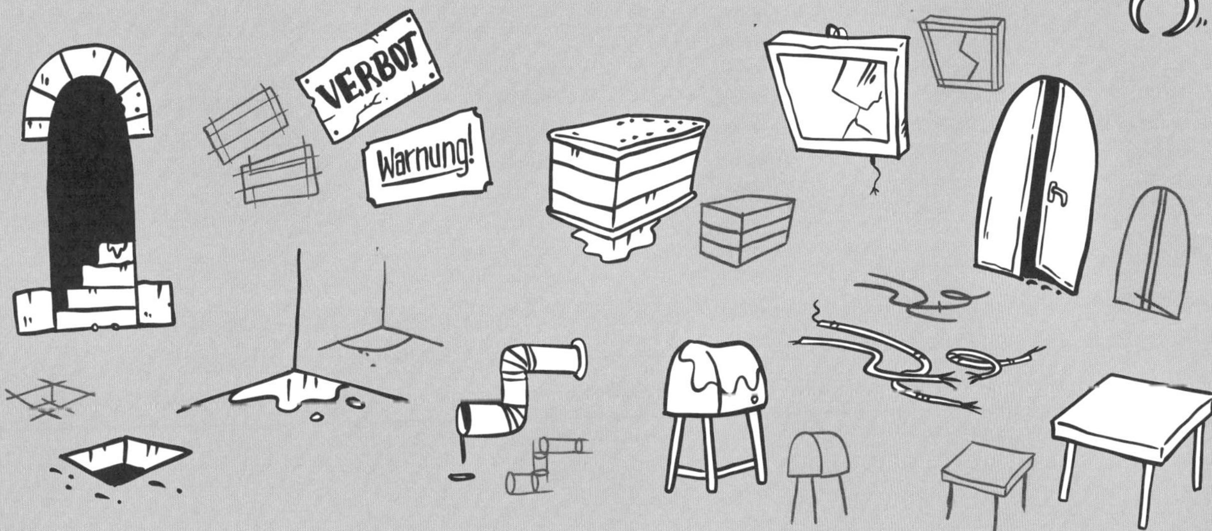

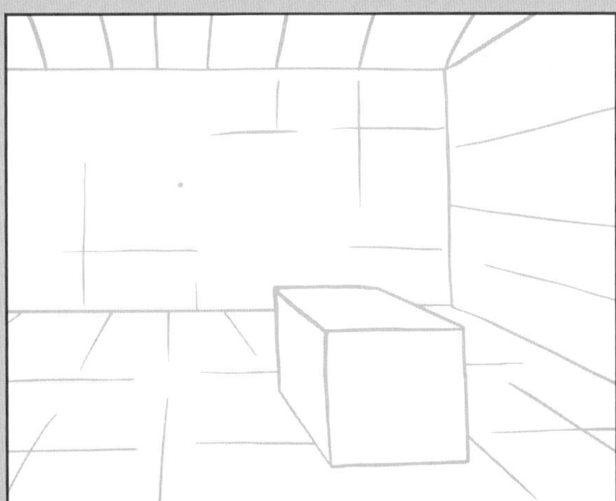

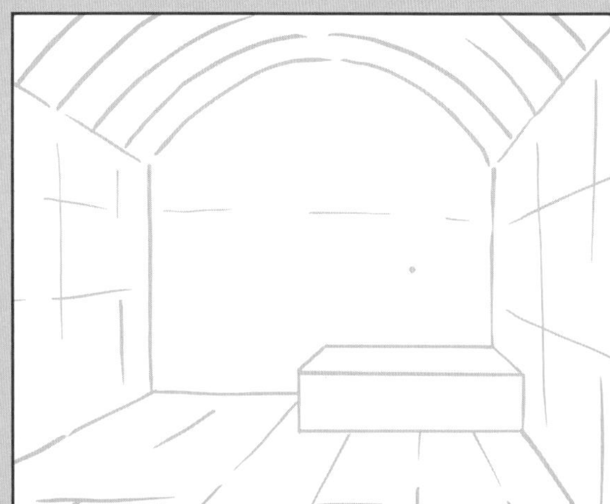

Entwirf auch eine erste Situation mit Figuren. Was passiert in dieser Welt jeden Tag? Ist das gruselig oder lustig?

Zeichne noch eine andere Situation, um die Stimmung dort zu beschreiben. Die »Würfel« könnten Sitze, Tische oder Ähnliches sein.

WOW,

NAME
______________.
DU BIST JA GENAU
SO GESTYLT
WIE DU DICH FÜHLST!

Etwas ist leider nicht in Ordnung für deine Hauptfigur. Zeige, welches Problem sie hierher gebracht hat.

Zeichne jetzt deine Hauptfigur. Als was ist sie hier? Ist sie zu Besuch? Was hat sie an? Was hat sie dabei?
Gib ihr einen Namen.

Zeichne die rettende Sache, die deine Hauptfigur daher unbedingt aus der Hölle haben oder hier erreichen will.

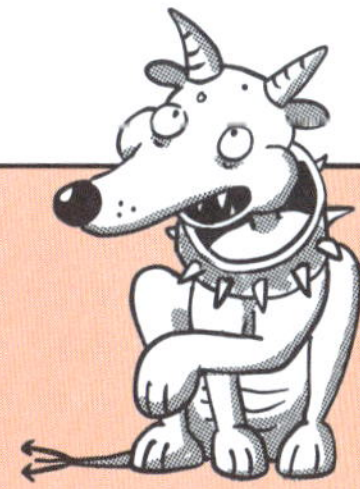

Sammle hier Ideen für die Welt, aus der deine Hauptfigur kommt. Ein Ort, der ganz anders ist als die Hölle. Wie heißt er?

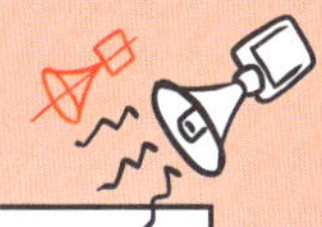

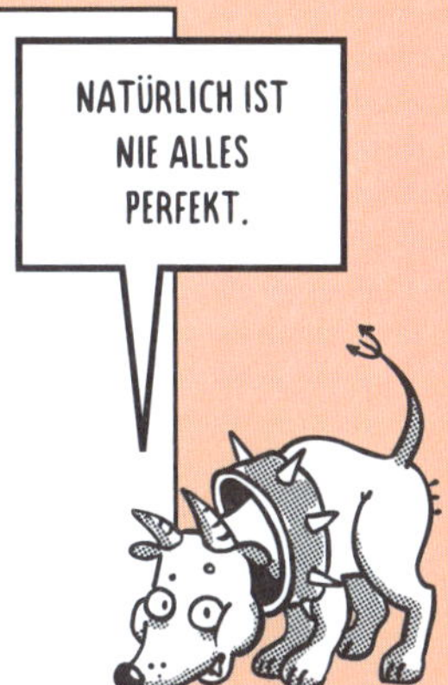

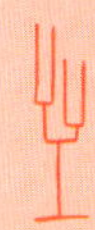

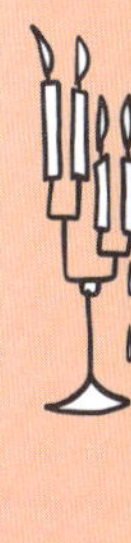

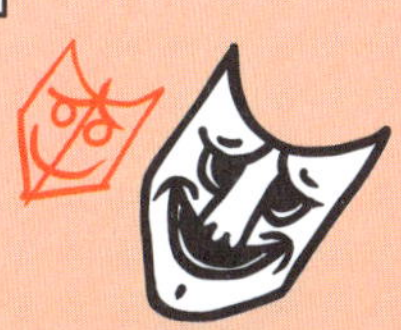

Deine Hauptfigur verabscheut etwas Bestimmtes. Was? Zeichne, wie sie in der Hölle damit zusammentrifft!

Wovor hat deine Hauptfigur sogar ziemlich Angst?

DAS IST

NAME

-------------------------,

EINE MÄCHTIGE, AUFREGENDE PERSON.
COOL, ABER IRGENDWIE AUCH ZUM FÜRCHTEN...

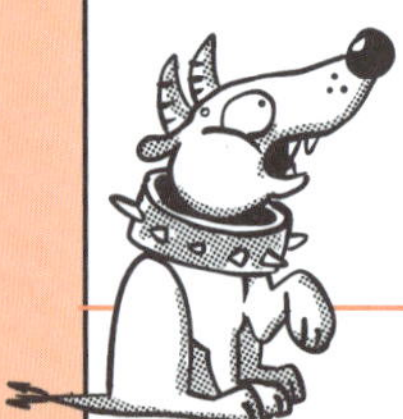

Eine mächtige Figur hat leider auch finstere Pläne ... Zeichne, mit welchem Gegenstand sie Böses vor hat.

Zeichne hier eine sehr mächtige Figur. Gib auch ihr einen Namen. Wie schaut sie? Was hat sie an? Was hat sie dabei?

Zum Glück hat sie auch eine Schwachstelle. Womit kann man diese treffen und damit das Böse überwinden?

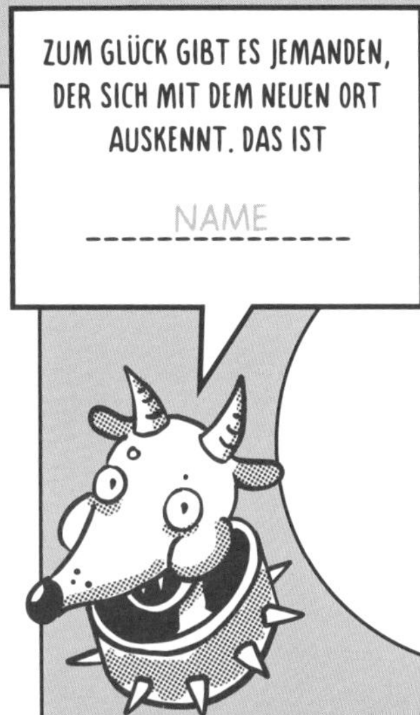

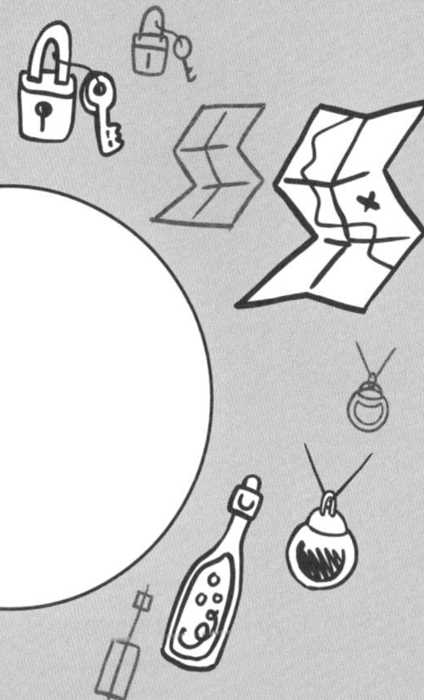

Zeichne eine Figur, die deiner Hauptfigur für den neuen Ort Tipps gibt. Wo treffen sie sich?

Welches Hilfsmittel bekommt deine Hauptfigur, das ihr später in einer brenzligen Situation helfen wird? Zeichne es!

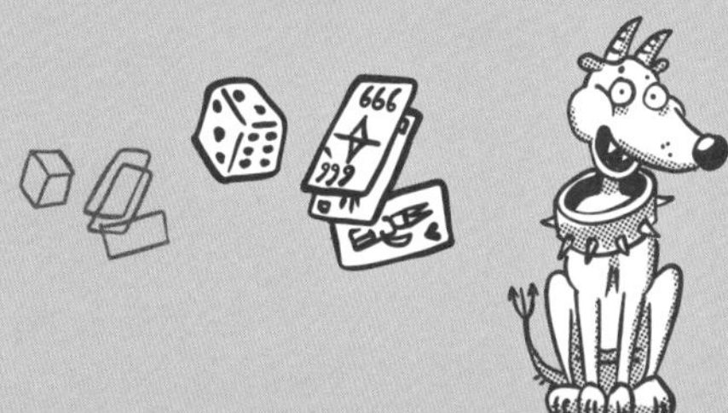

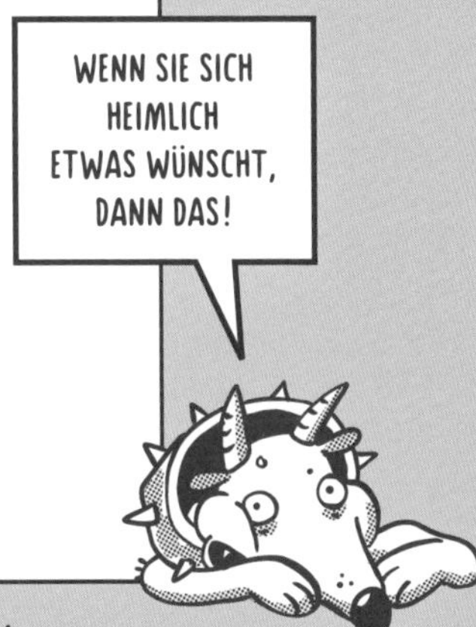

Zeichne hier die Situation, die sich deine Hauptfigur am sehnlichsten wünscht (es wäre doch schön, wenn es sich am Ende der Story erfüllt).

Vielleicht geben dir deine Skizzen Anregungen für eine Geschichte und du könntest daraus einen Comic in die Bonusseiten zeichnen!

KAPITEL 5: BILDAUFBAU

WAS SOLL DAS PUBLIKUM SEHEN? KAMERAEINSTELLUNGEN

Damit deine Comic-Seiten interessant und lebendig werden, kannst du verschiedene Arten von Bildausschnitten nutzen.

Geschickt eingesetzt, lenkst du damit auch die Aufmerksamkeit des Publikums:

- Auf die ganze Umgebung mit oder ohne Figuren
- Auf die Figuren, was sie miteinander tun
- Auf eine plötzlich wichtige Sache
- Auf Gesicht und Ausdruck einer Figur
- Auf die Action

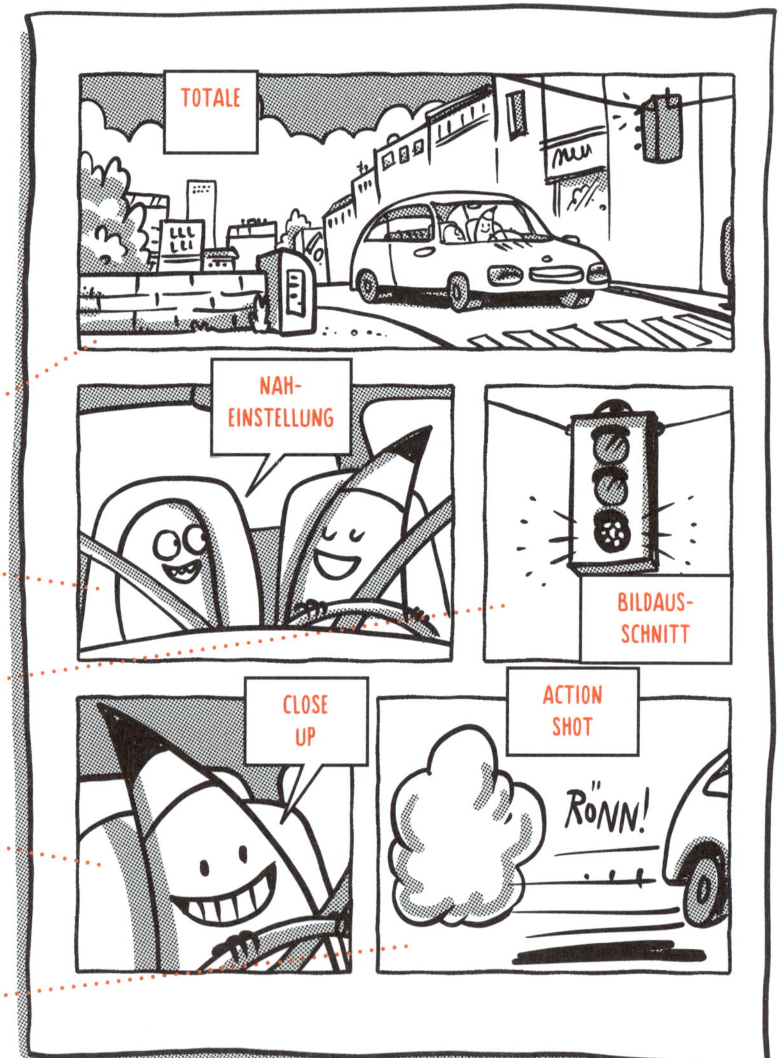

ORTE UND SCHAUPLÄTZE

Figuren und Dinge im Raum zeichnen

Wo stellt man mehrere Figuren hin, wie macht man den Boden, damit es gut aussieht? Neun praktische Vorschläge:

1. Verzichte auf Hintergründe und zeige nur Dinge oder Figuren.

2. Stell eine Wand auf und ziehe dahinter eine weitere Bodenlinie.

3. Biege den Boden, als wäre da ein Hügel, und platziere Figuren und Dinge darauf.

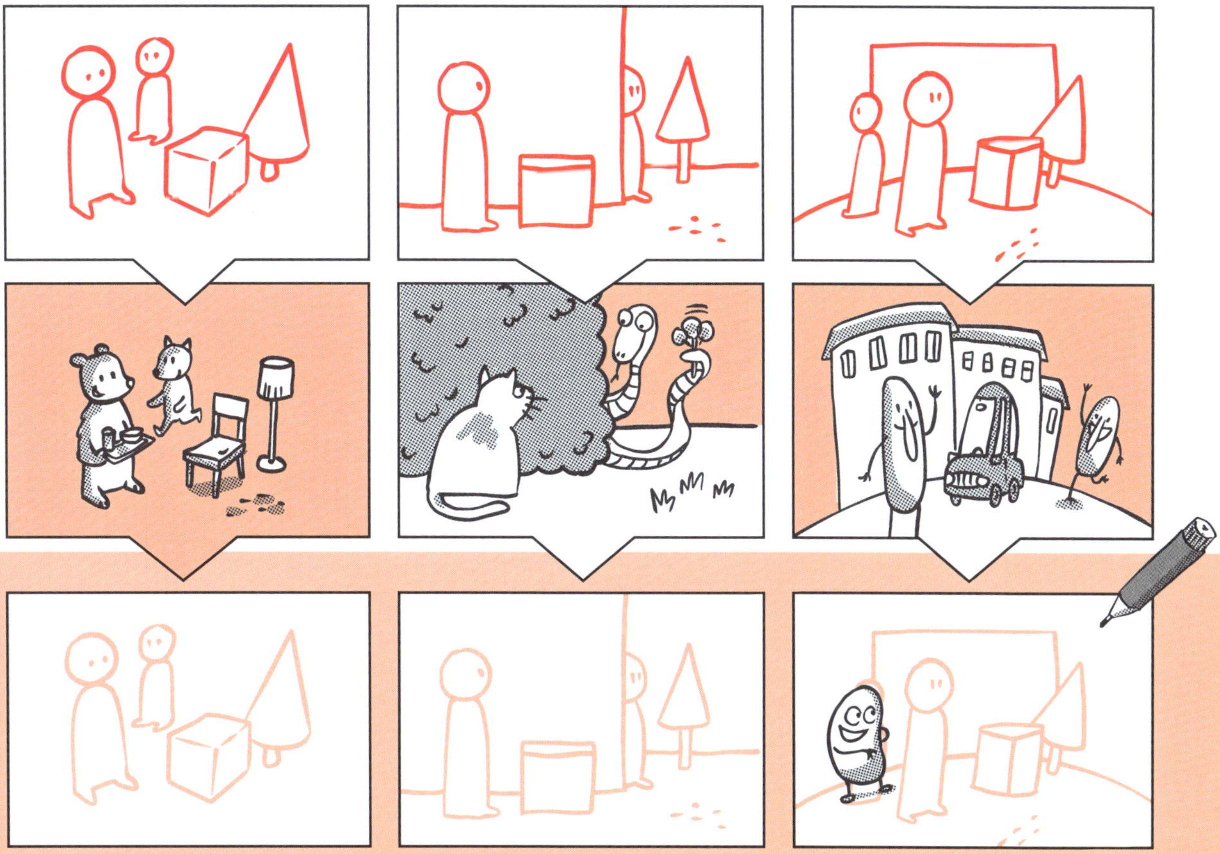

Probier es aus! Zeichne deine eigenen Figuren mit Fineliner über die Vorlagen!

Die Beispiele zeigen dir Möglichkeiten, wie du Figuren im Raum darstellen kannst. Du brauchst die Szenen nicht exakt so abzuzeichnen, sondern nur ungefähr.

Nimm dein Skizzenbuch und zeichne fünf der Bildkompositionen in deiner Art frei nach!

4. Trenne die Räume mit einem Blick durch eine Öffnung.

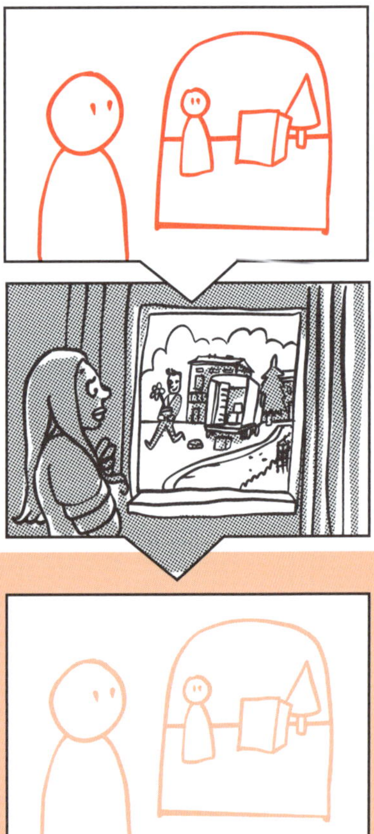

5. Bring Schwung in eine Szene mit einem »S«.

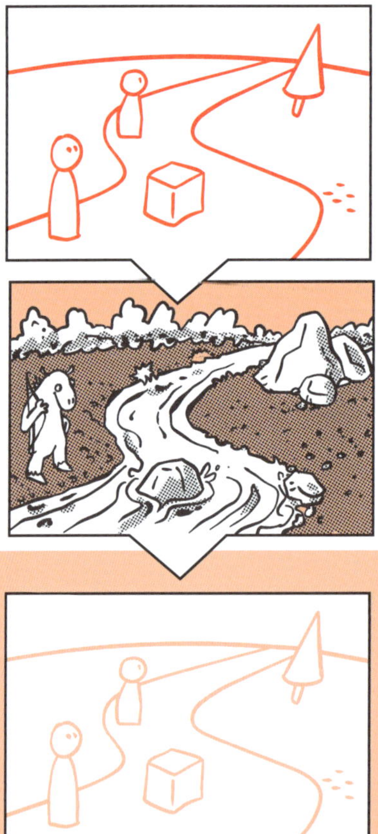

6. Lass den Panelrand weg und gestalte eine »Insel«.

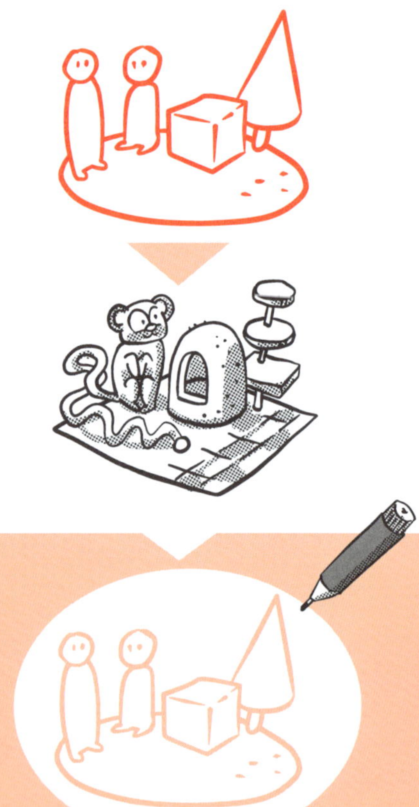

Was kannst du mit Fineliner darüberzeichnen?

Wenn du findest, eine davon passt für deine Szene, kannst du sie mit Bleistift in etwa so nachzeichnen, deinen Zwecken anpassen und dann mit Fineliner darüber zeichnen.

7. Zeichne ein »liegendes Y« und schaffe damit Raumkanten.

8. Konstruiere die Zentralperspektive aus einem Punkt.

9. Zeig es von oben wie einen »Plan«.

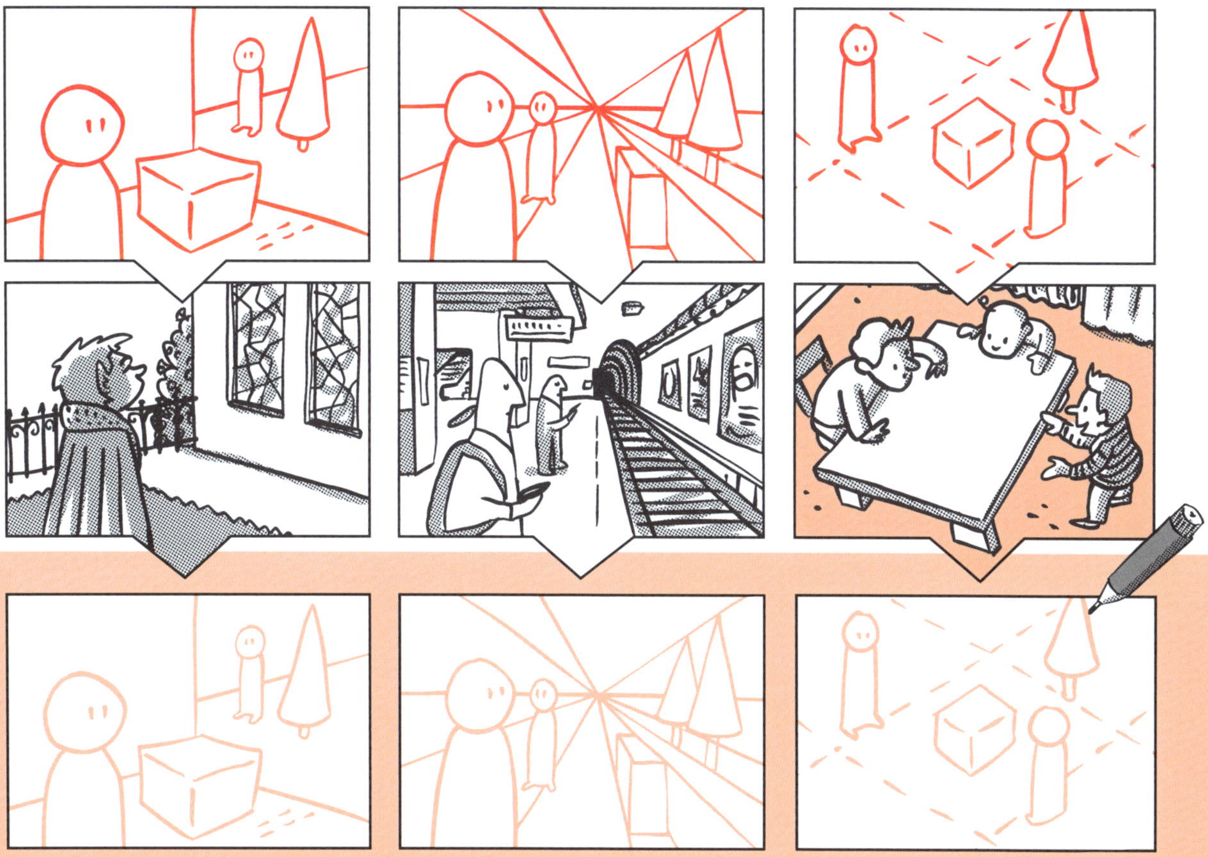

Jetzt wieder du! Welche eigenen Szenen fallen dir ein?

BILDAUSSCHNITTE

Aufmerksamkeit auf eine Sache lenken

Nicht immer muss es Raum sein oder eine Landschaft. Manchmal brauchst du einfach nur Bildauschnitte, um etwas zu betonen. Probiere z.B. diese hier:

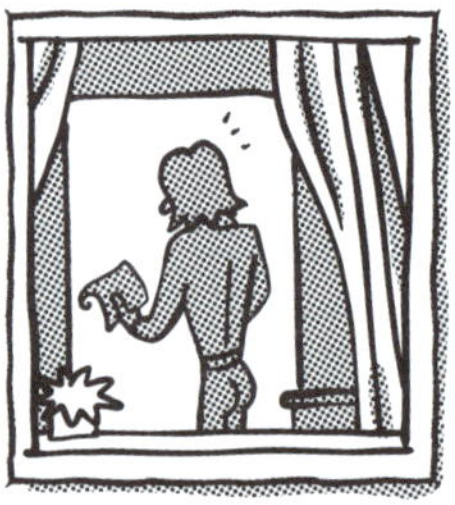

Ein Spionage-Blick von außen durchs Fenster!

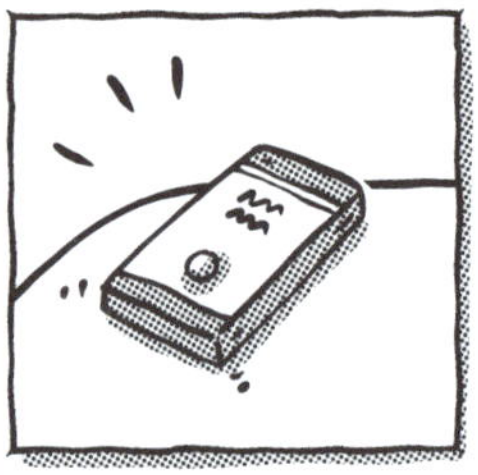

Das plötzlich wichtig gewordene Objekt!

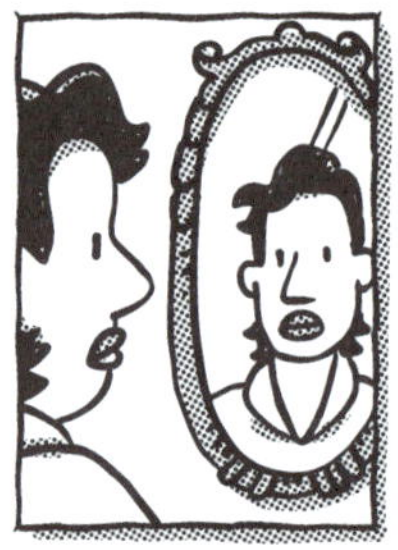

Ein nach-denklicher Blick in den Spiegel!

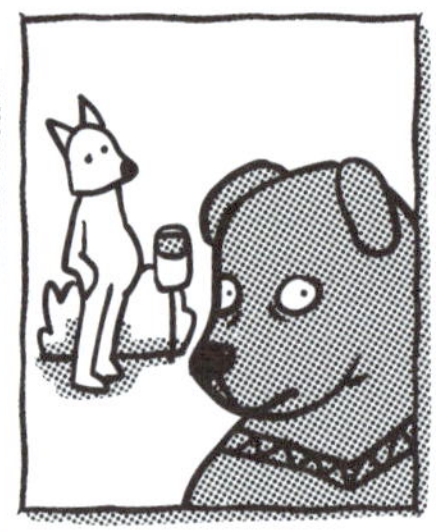

Eine dunkle Gestalt im Vordergrund!

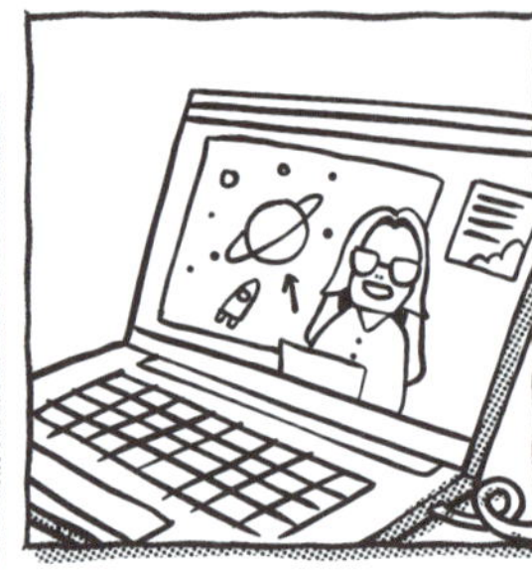

Eine wichtige Information in den Medien!

Nimm deinen Fineliner und zeichne eigene Motive in die Lücken:

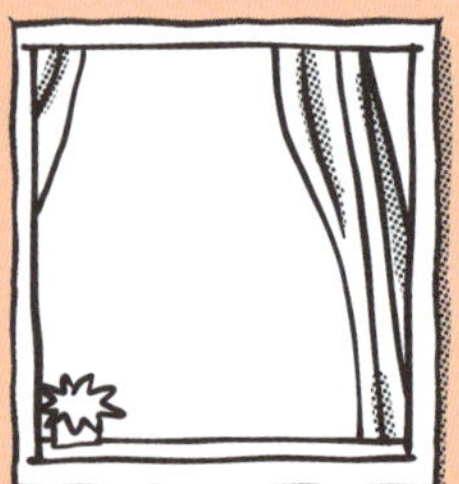

Wer oder was ist im Fenster sichtbar?

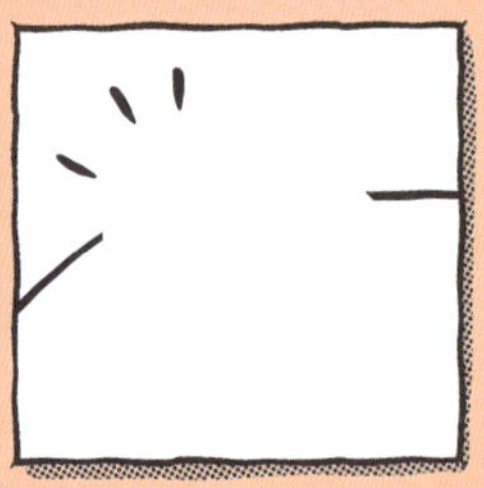

Welches Objekt macht hier auf sich aufmerksam?

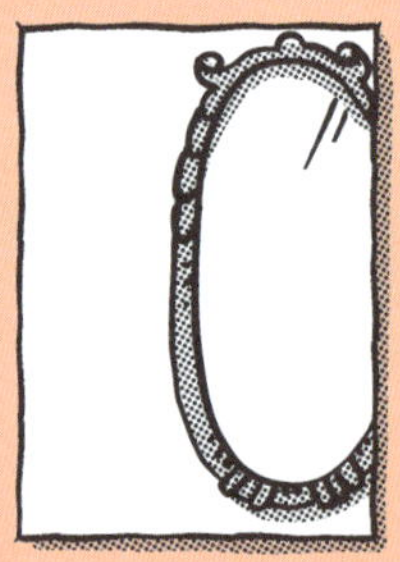

Wer sieht sich hier im Spiegel?

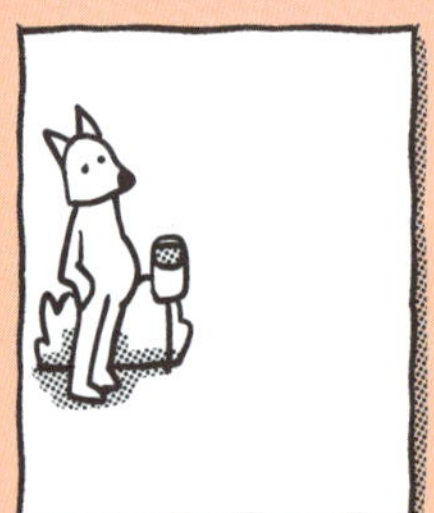

Wer steht hier im Vordergrund?

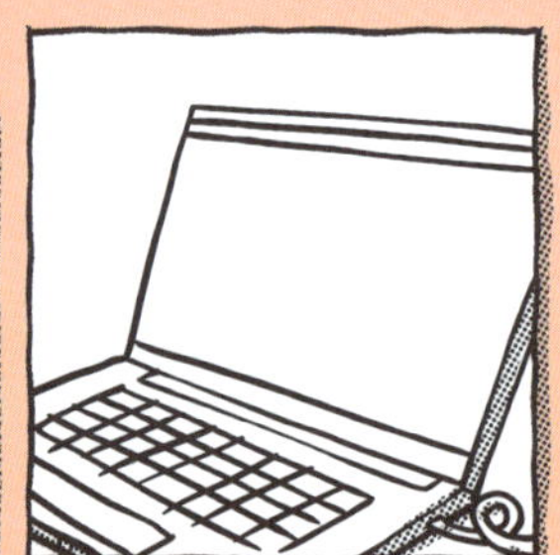

Was wird da am Bildschirm sichtbar?

Zeit und Ruhe ausstrahlen

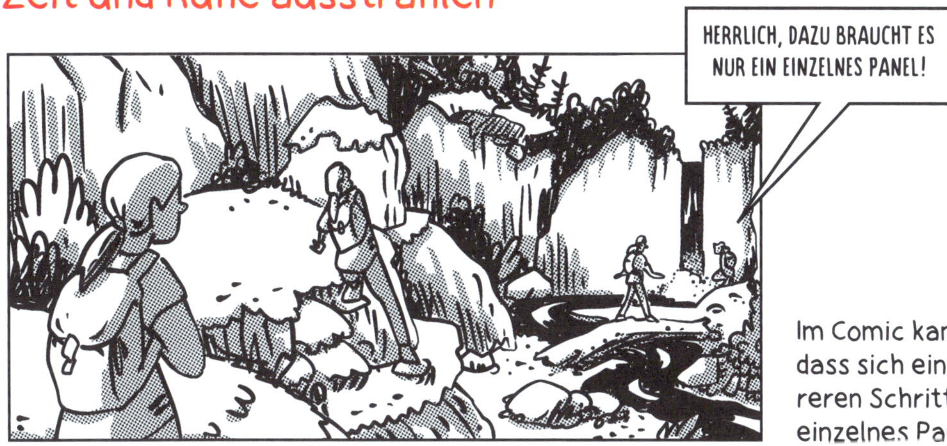

Im Comic kannst du machen, dass sich eine Figur in mehreren Schritten durch ein einzelnes Panel bewegt.

Action einfangen

In einem dichtgezeichneten Bild sieht man die Action nicht gleich.

Nahaufnahmen wie die zwei Panels unten funktionieren besser.

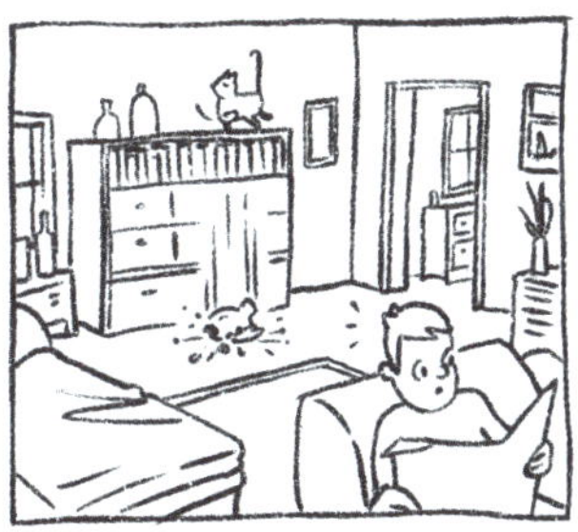

Soll ein schnelles Ding einen spannenden Moment lang in der Luft »stehen«?

Dann lass um das Objekt herum genügend Abstand.

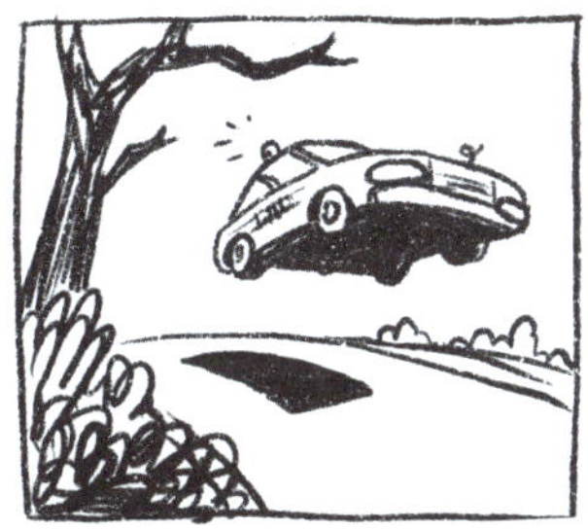

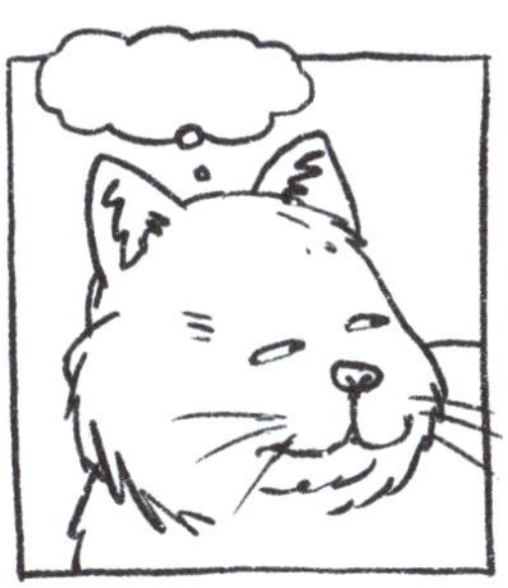

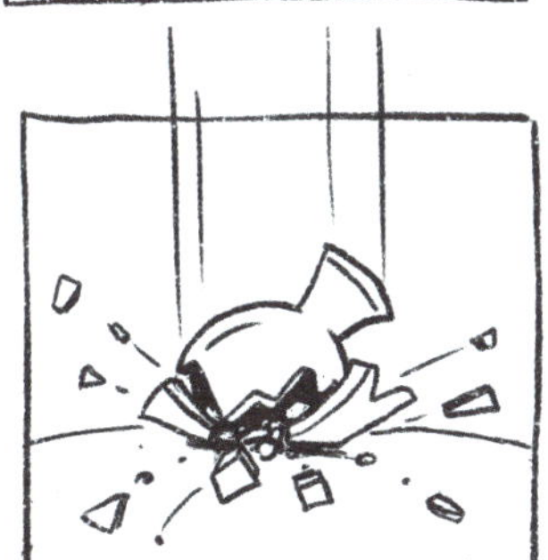

Denn wenn Linien an das Objekt stoßen, wird es komisch davon »festgehalten«.

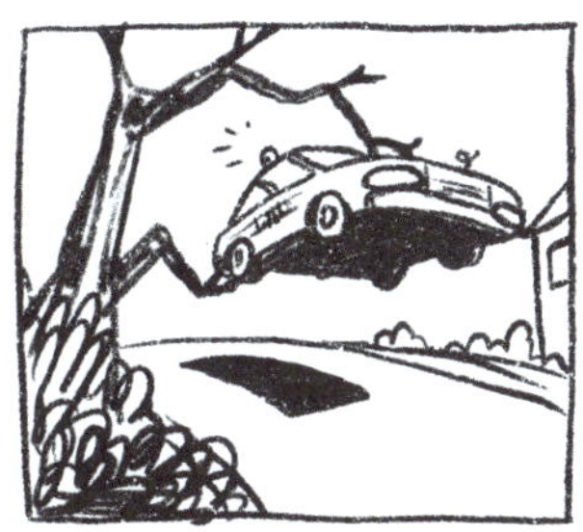

GEHEIMNISVOLLE SCHATTENFIGUREN

Die Wirkung von starkem Schwarz-Weiß

Jetzt geht's um Kontrast. Die Figuren auf dieser Seite baust du aus Grundformen auf und malst sie dann aus. Setz sie doch mal in die Bildausschnitte auf der rechten Seite. Lass Weiß um die Figuren! Dann sind sie am besten zu erkennen.

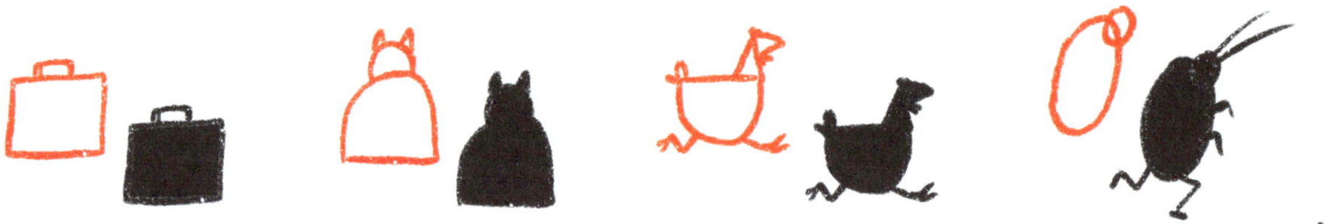

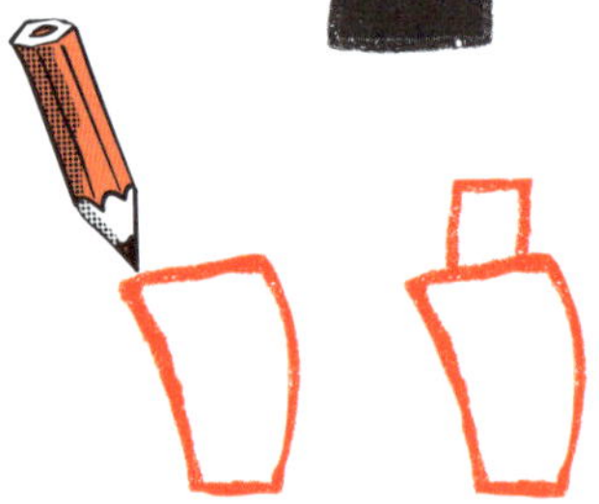

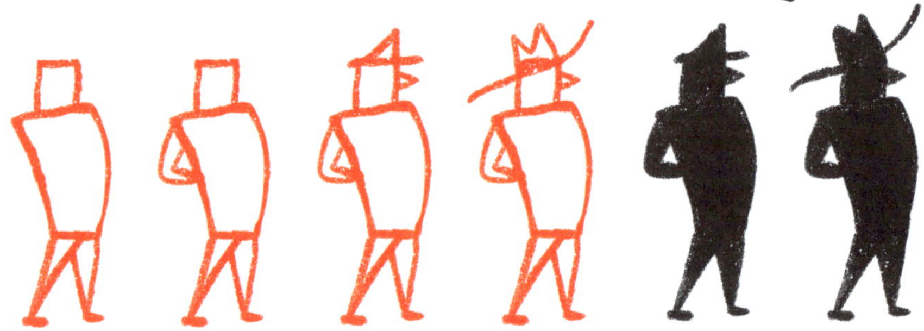

Zeichne zuerst den Rumpf, dann den Kopf, die Arme und den Rest.

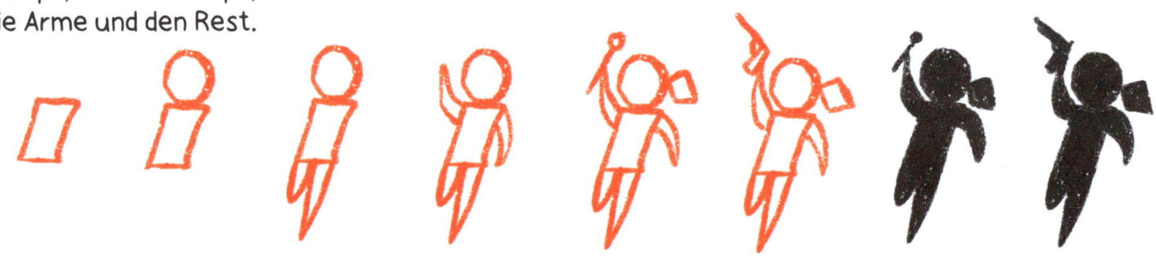

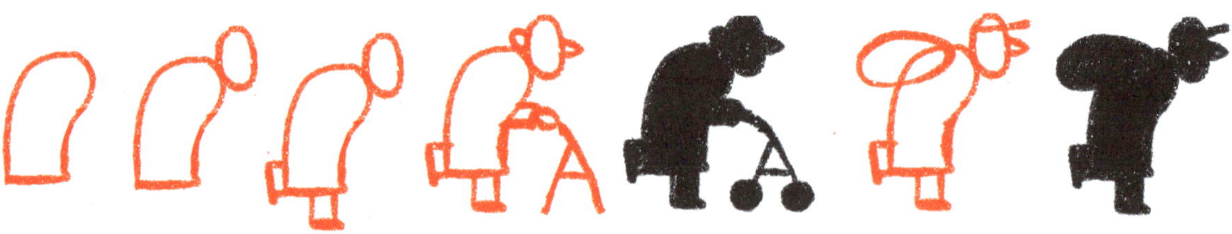

»Mystery«

Kommissarin Shady hat nachts eine Menge verdächtiger Subjekte fotografiert.

Was hat sie aufgenommen? Zeichne Silhouetten von Dingen, Tieren und Menschen ein.

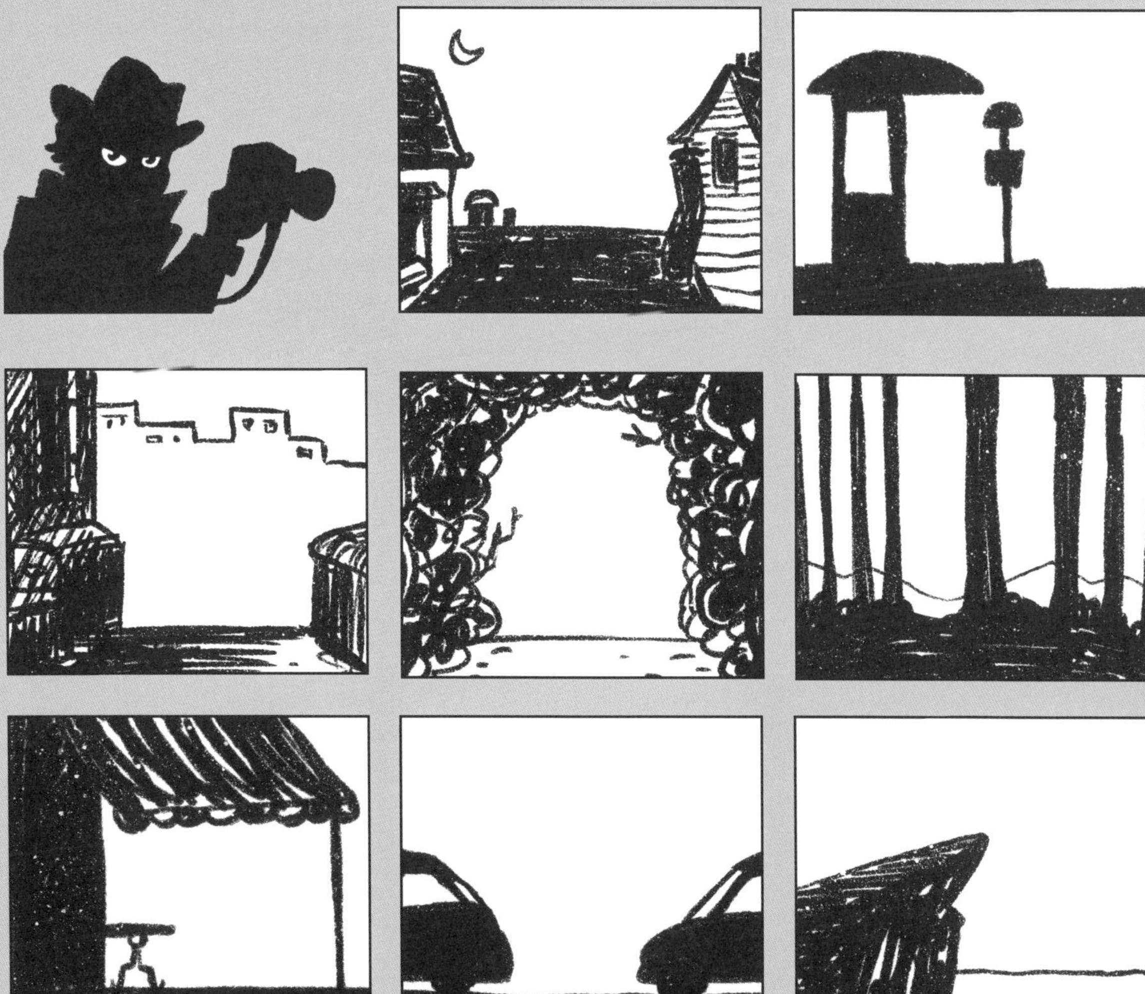

NÄHE UND ENTFERNUNG DARSTELLEN

Mit der Größe von Dingen arbeiten

Ist dir Perspektive auch manchmal zu kompliziert? Dann versuch es mal mit drei Ebenen im Bild.

Wenn du eine Figur und gleichzeitig etwas sehr Großes ins Panel bekommen willst, hilft dir diese Methode.

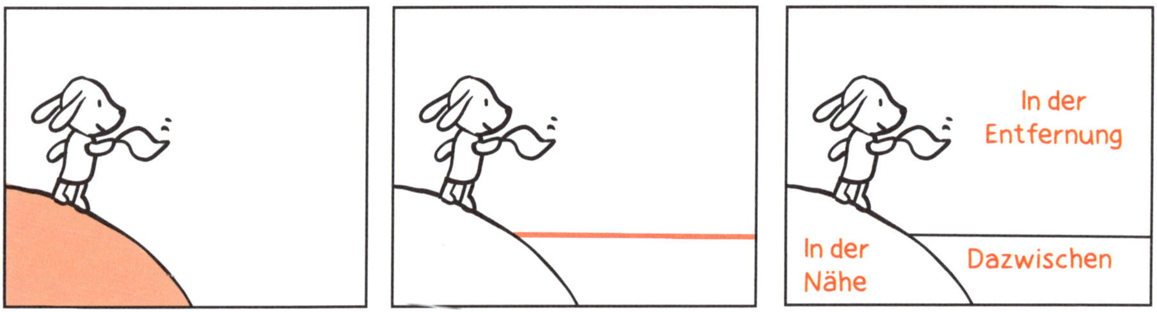

Beginne mit einem »Hügelchen« in einer Panel-Ecke. Stell deine Figur darauf.

Teile das Bild nochmals mit einer einfachen Linie.

Jetzt hast du Ebenen für alles in der Entfernung, dazwischen und in der Nähe.

ANWENDUNG:

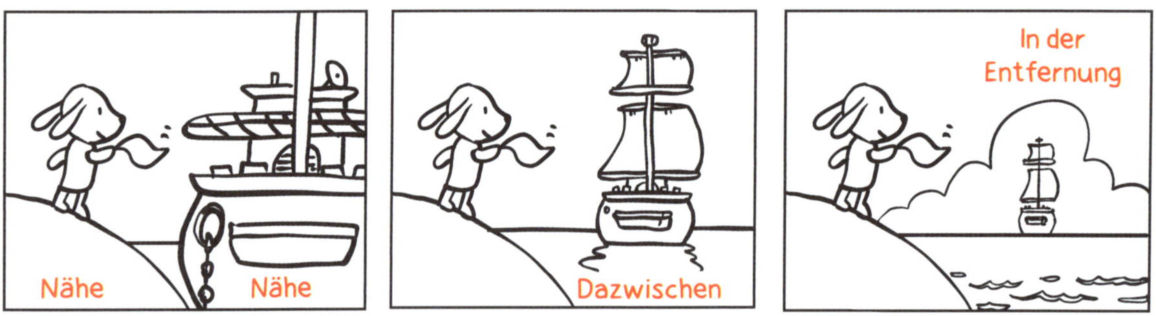

Hier sind die Figur und das Schiff ganz in der Nähe.

Hier ist es dazwischen, also weiter weg.

Klein gezeichnet, ist es sehr weit weg … und wirkt riesig!

Die Ebenen-Methode ist nützlich für Ausblicke, Ankünfte und Verabschiedungen.

Welche anderen großen Dinge sieht das Häschen in der Ferne?

Du zeichnest zuerst das Nahe und die Figur.

Du kannst die Figur auf einen »Balkon« setzen...

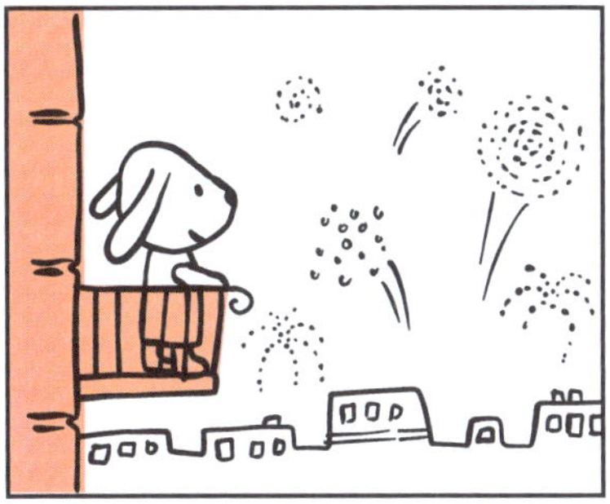

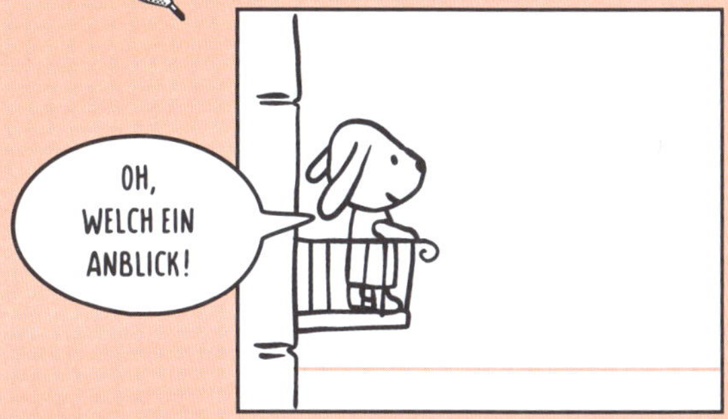

... oder auf den »Boden«

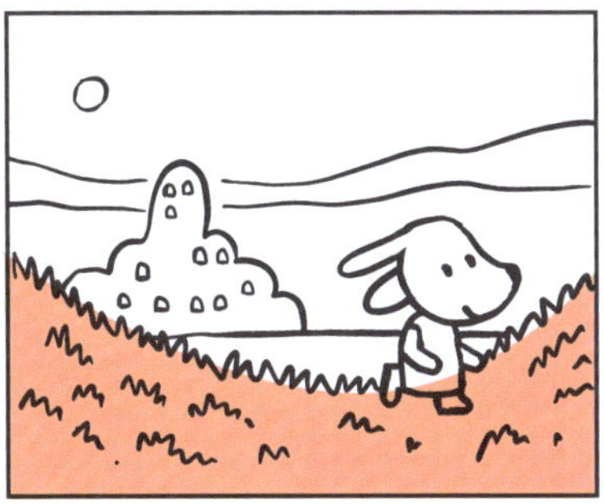

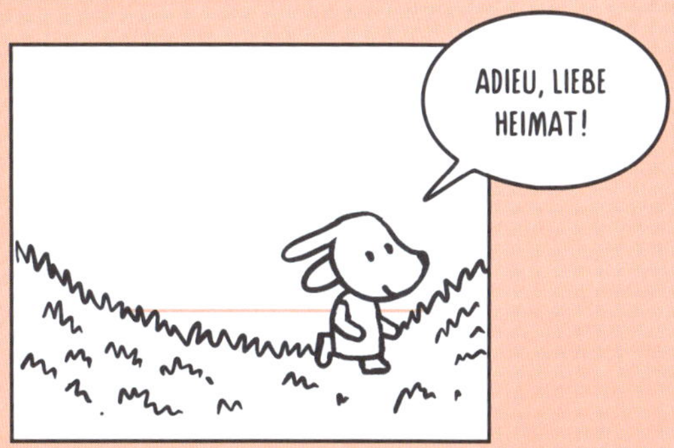

... oder in ein »Loch«!

In der Entfernung zeichnest du dann das Große ganz klein.

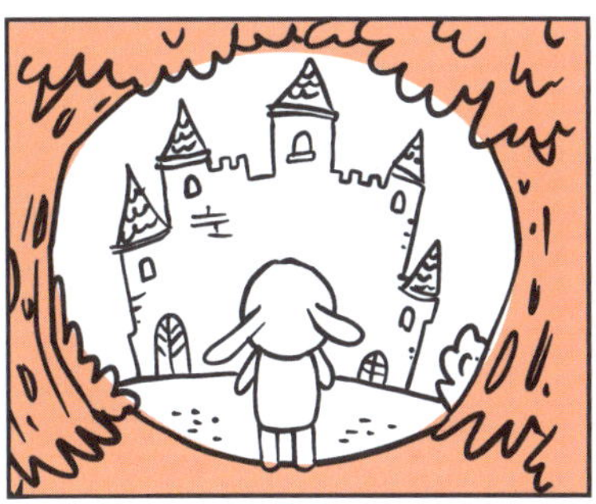

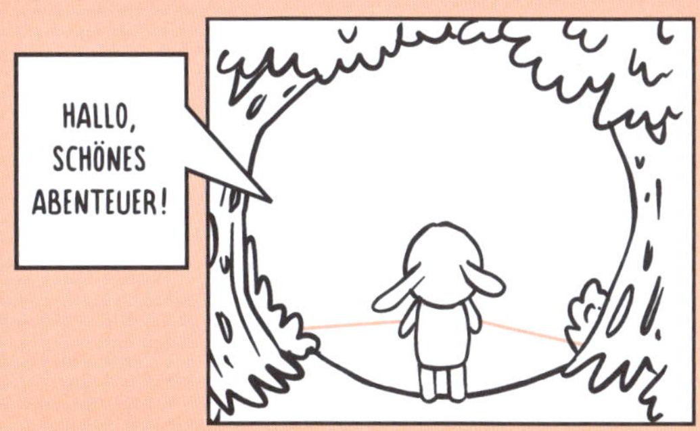

KAPITEL 6: WICHTIGE COMIC-ELEMENTE

SPRECHBLASENFORMEN

Penny und Susi zeigen dir, wie deine Figuren auf unterschiedliche Arten sprechen können.

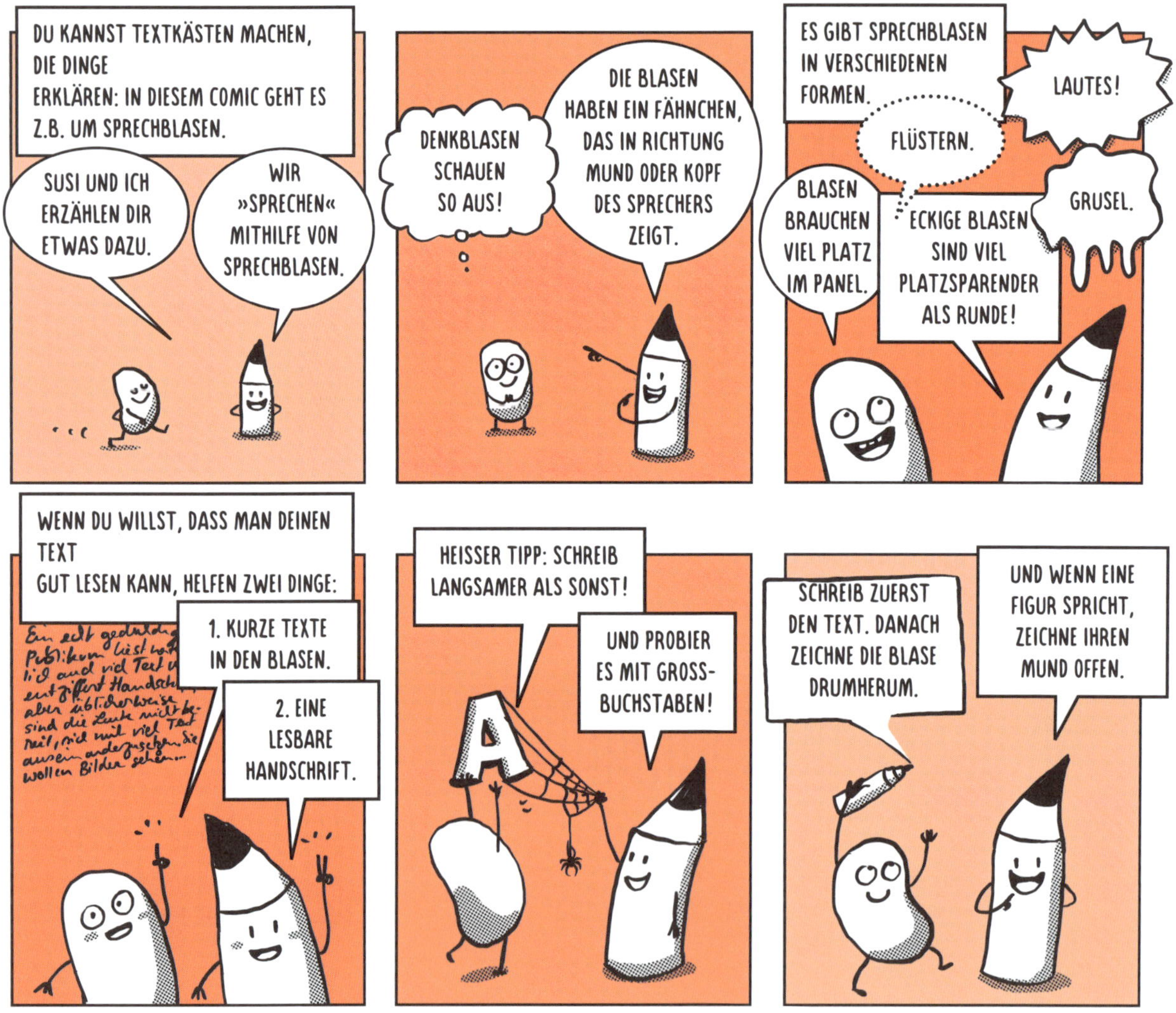

Deine Sprech- und Denkblasen

Susi zieht los und lernt jemand kennen. Aber wir »hören« nichts. Zeichne Blasen um die Texte!

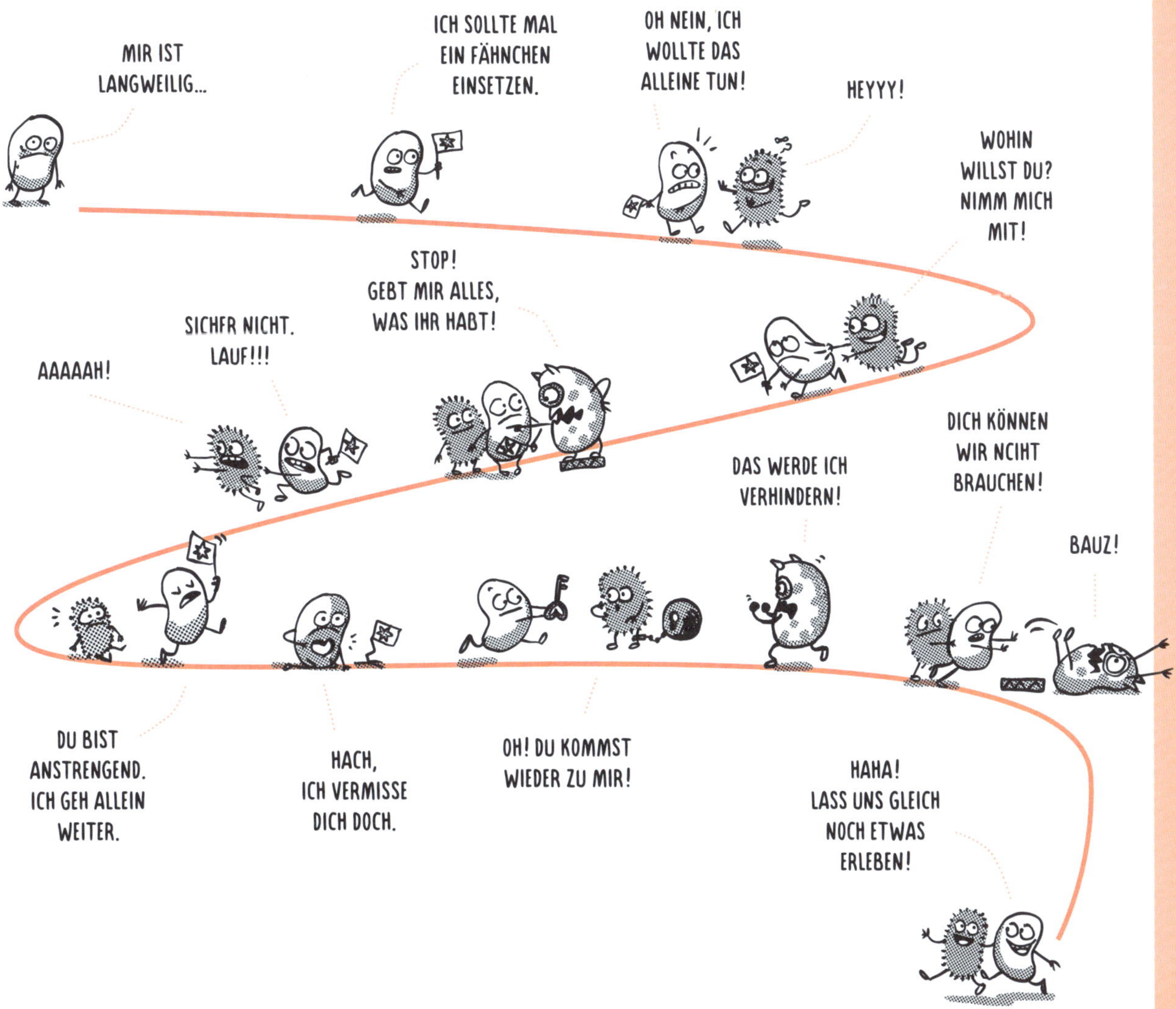

SOUNDWÖRTER

Woosh, hui, sproing

Hör doch mal hin, wie Sachen wirklich klingen ... und dann schreib es fett ins Bild!

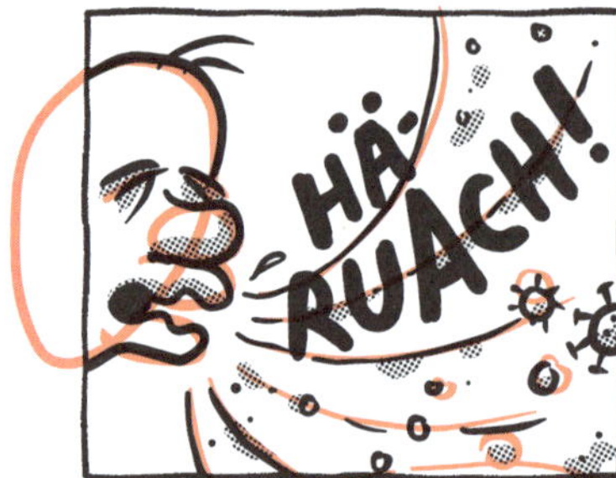

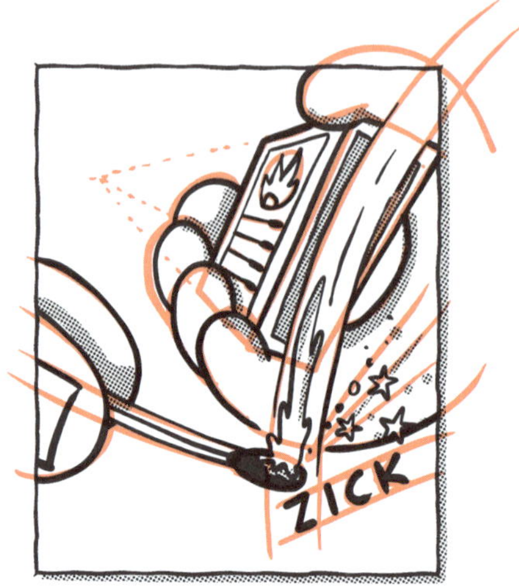

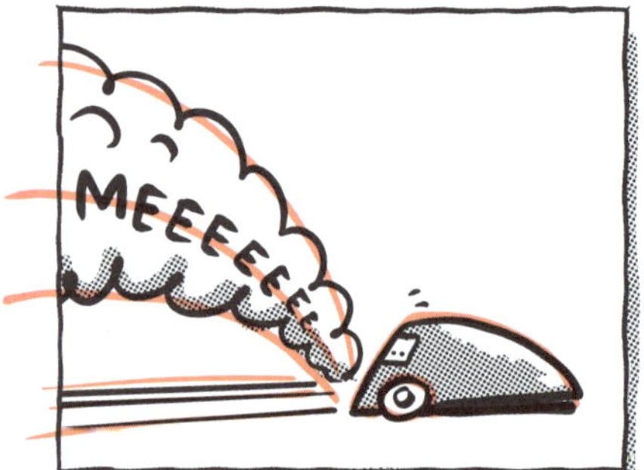

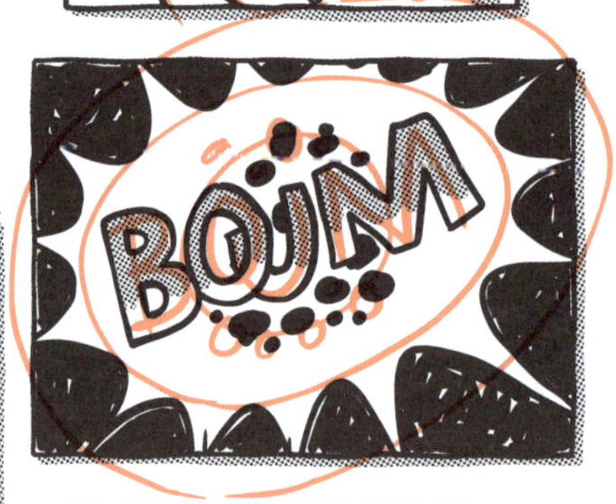

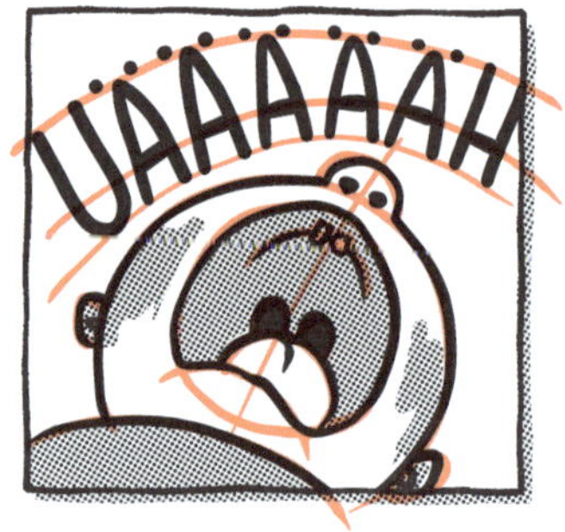

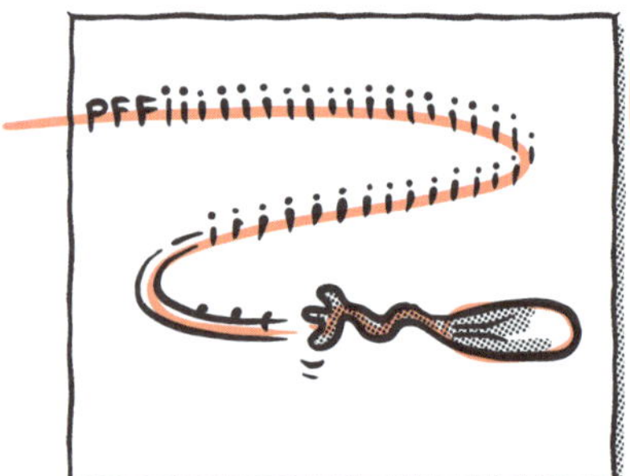

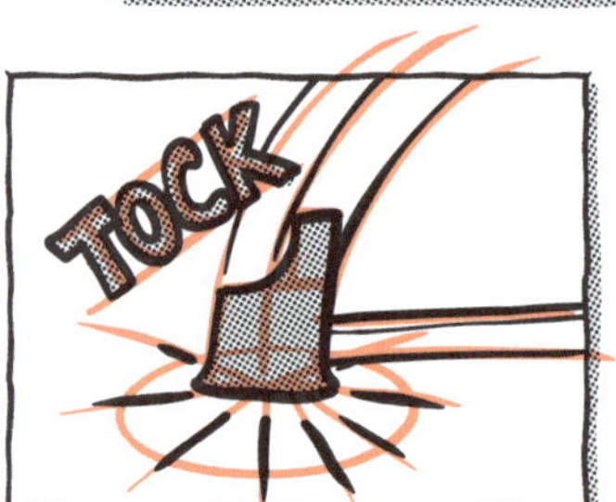

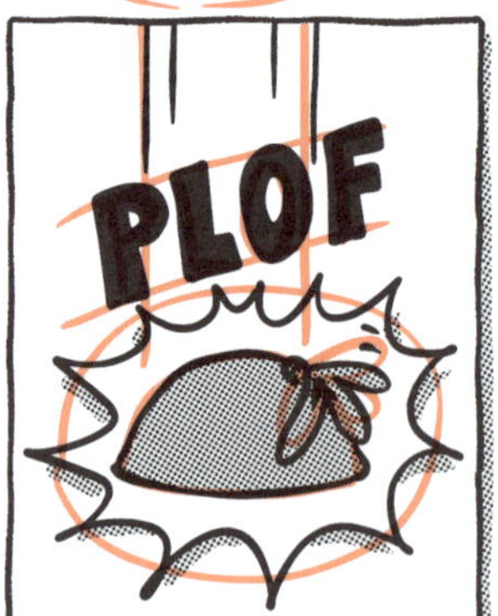

Oft entstehen Töne da, wo sich etwas bewegt. Mach dir vorher Hilfslinien wie hier.

Zieh Kreise und parallele Bahnen um das Objekt oder aus der Richtung, aus der auch das Geräusch kommt.

Schreib Buchstaben vor und zieh sie dann fett nach.

»Die drei Wünsche«

Die Fee bietet einem Mann die Erfüllung von drei Wünschen. Er will jedoch etwas, das die Fee für total überzogen hält. Schreib in die Sprechblasen, was er verlangt! Sie wird ihm gewähren, wonach er fragt ... aber wie! Und vielleicht mit Soundwort.

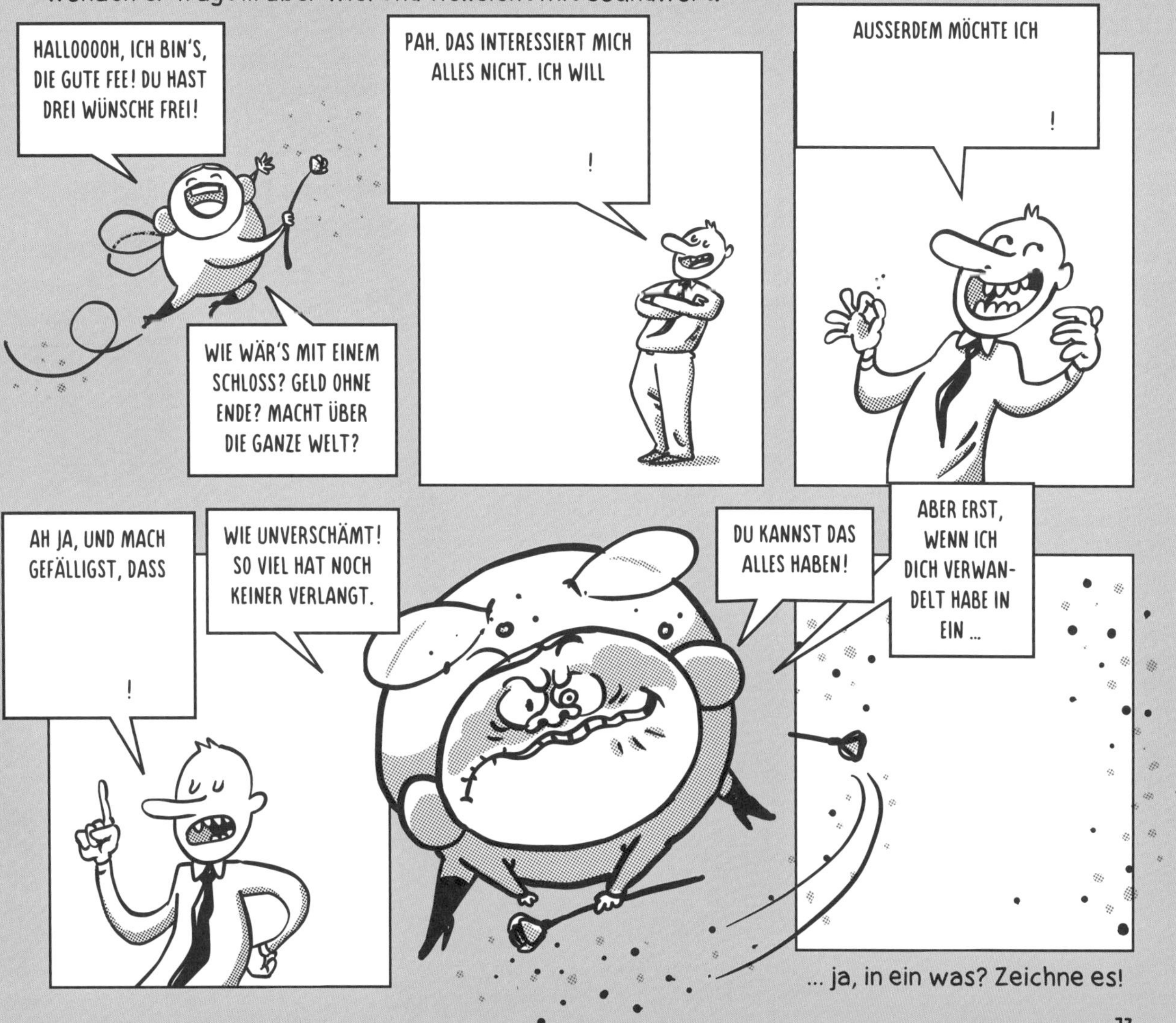

... ja, in ein was? Zeichne es!

SCHÖNE TITEL

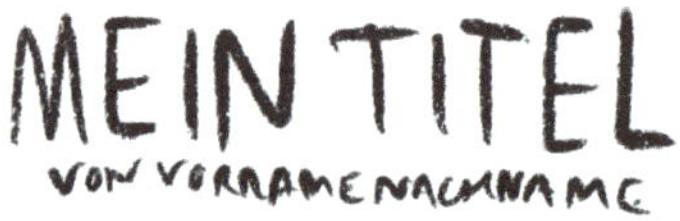

So sieht ein Titel meistens aus, wenn er schnell mal mit der Hand geschrieben wird.

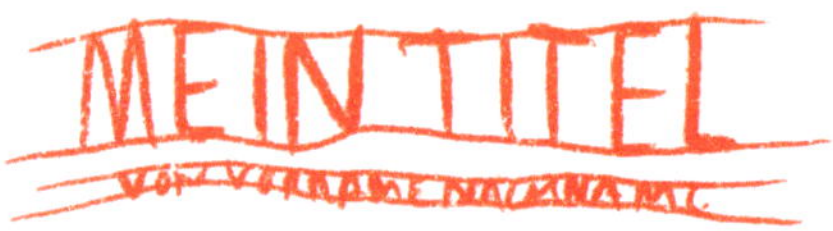

Das Schriftbild wirkt unruhig und flatterig. Wenn du es schöner haben willst, schnapp dir ein Lineal und deinen Bleistift:

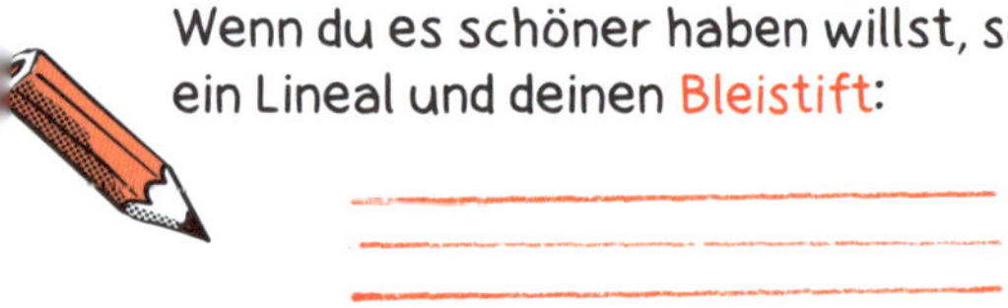

Zieh dir 3 Hilfslinien. Zwei begrenzen die Ober- und die Unterkante der Buchstaben. Die Linie in der Mitte ist für »E« und »H«.

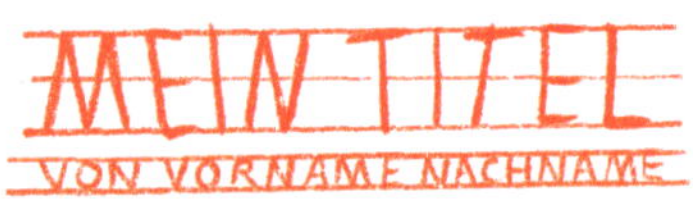

Zieh noch 2 Linien. Schreib deinen Titel und Namen in Großbuchstaben. Halte die Höhe der Buchstaben genau ein!

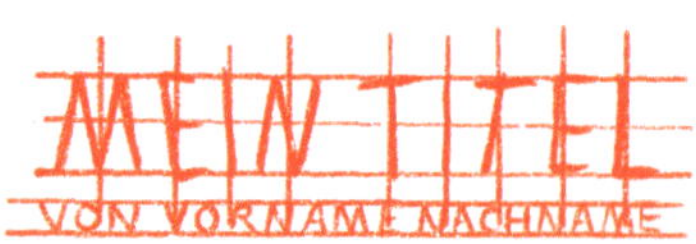

Mach auch senkrecht parallele Hilfslinien. So stehen deine Buchstaben alle gleich aufrecht und wackeln nicht hin und her.

Mach die Buchstaben des Titels gleichmäßig fetter, so gut du kannst.

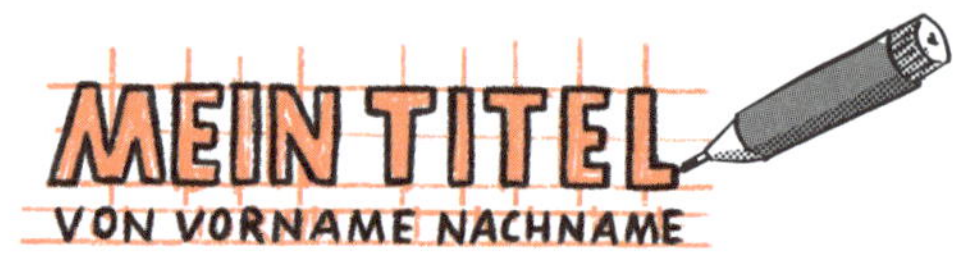

Jetzt mit Fineliner:
Zieh die Außenlinien der Buchstaben nach.

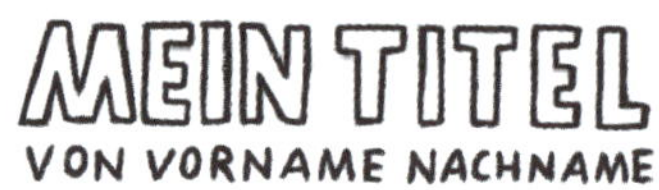

Ausradiert? Das sieht doch gut aus!

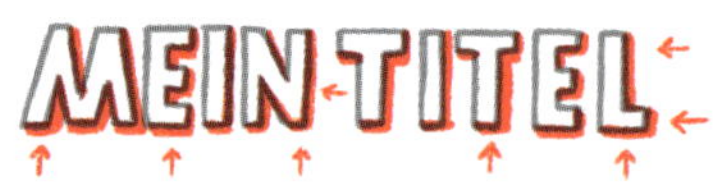

Du kannst die Buchstaben auch schattieren. Zeichne manche Kanten dicker: zum Beispiel immer rechts und unten.

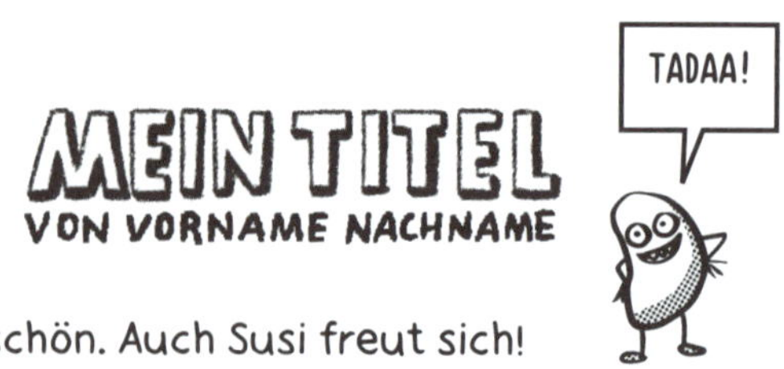

Sehr schön. Auch Susi freut sich!

JETZT DU!

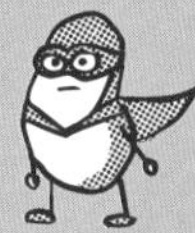

Deine Schrift-Ideen

Skizziere Wörter mit Bleistift über die schon angedeuteten Beispiel-Schriftzeichen. Ziehe deine Texte dann mit Fineliner nach.

MEIN TITEL
VORNAME NACHNAME

ABC XYZ
ÜBERSCHREIB MICH MIT
EIGENEM TEXT

ZWEI
ZEILEN

Ziehe die Höhe deiner Buchstaben möglichst gleich bis nach oben und unten.

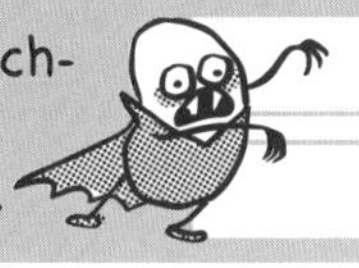

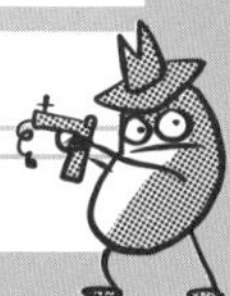

COVER

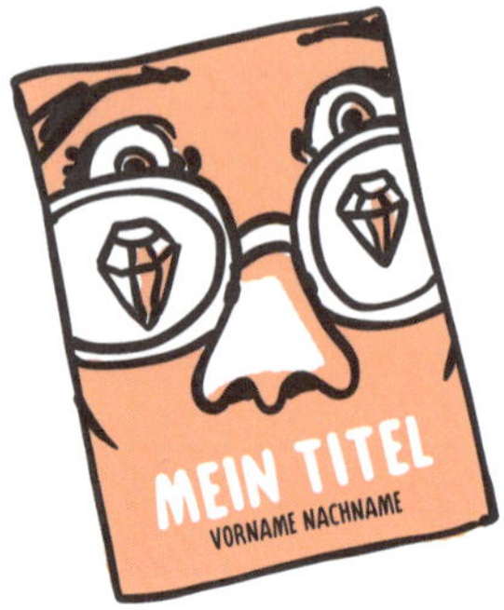

Wenn du weißt, worauf du dein Publikum neugierig machen willst, ist es Zeit für ein Comic-Cover! Cover funktionieren so ähnlich wie Kino-Plakate: Sie kündigen die Stimmung deiner Geschichte an.

Schau dir diese Beispiele an:

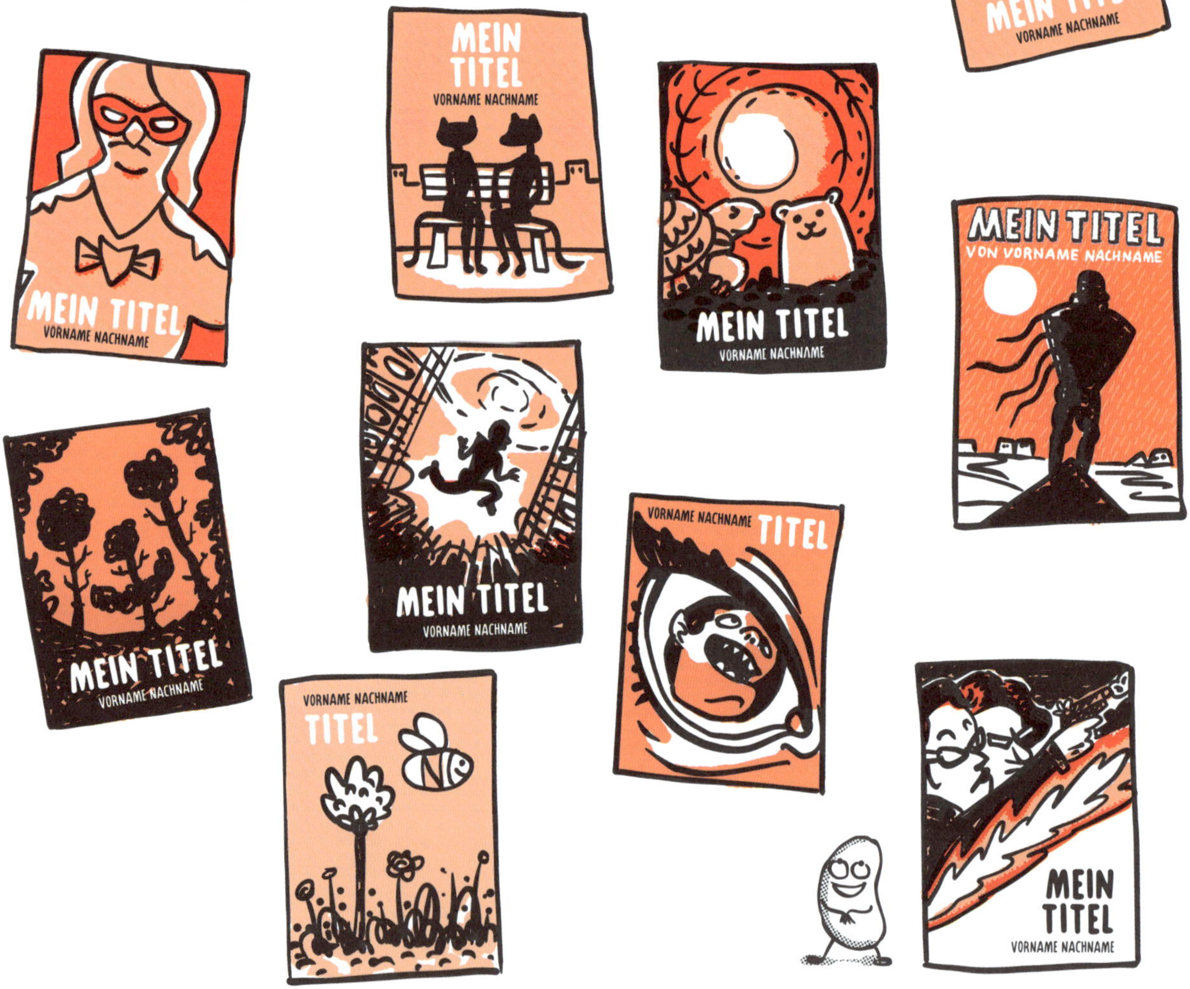

Deine Cover-Ideen

Jetzt du. Schreib einen knackigen, kurzen Titel (hier sind ein paar Vorschläge) und deinen Namen auf die leeren Cover.

Dann zeichne zwei Cover von der linken Seite ab, verändere sie nach deinem Geschmack oder erfinde eigene.

Vorschläge für Titel

DIE LÜGE

LETZTEN SAMSTAG

IM BLICK DES SCHRECKENS

ÜBER DEN DÄCHERN

DIE LEHRERIN SIEHT ROT

ZWEI DURCH DICK UND DÜNN

VERFOLGUNG DURCHS ALL

LEBEN IM KLEINEN

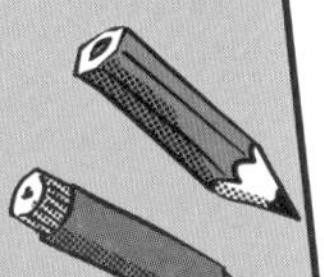

JETZT DU!

KAPITEL 7: STORYTELLING

»PANEL-GRAMMATIK«: WAS BILDER ERZÄHLEN

Damit es dir leichter fällt, einen roten Faden für deine Geschichte zu finden, helfen dir folgende Fragen, die du dir und deiner Leserschaft mit Bildern beantworten kannst.

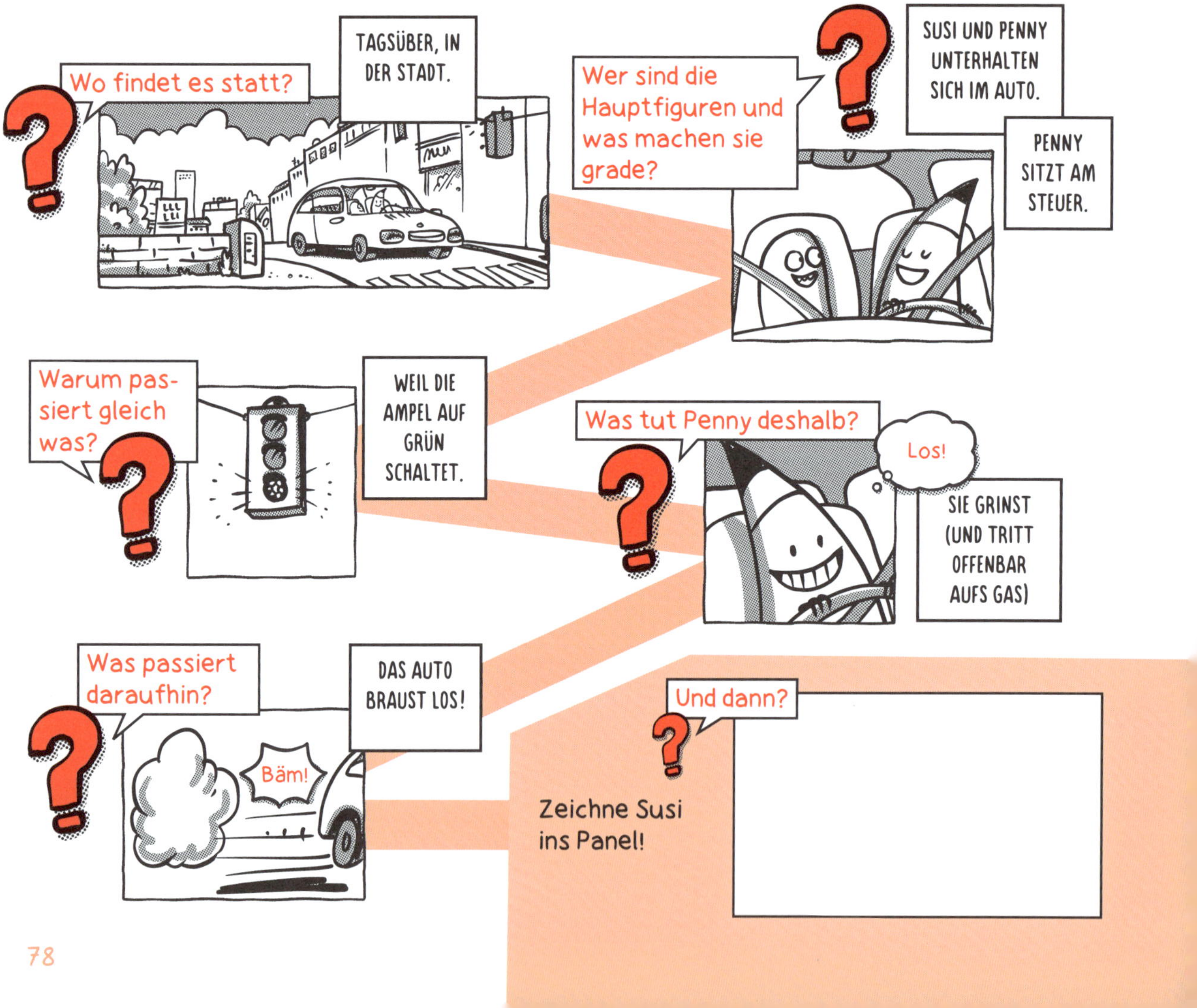

Antworte in Bildern

Beantworte die Fragen. Schreibe und zeichne etwas Eigenes in die leeren Panels.

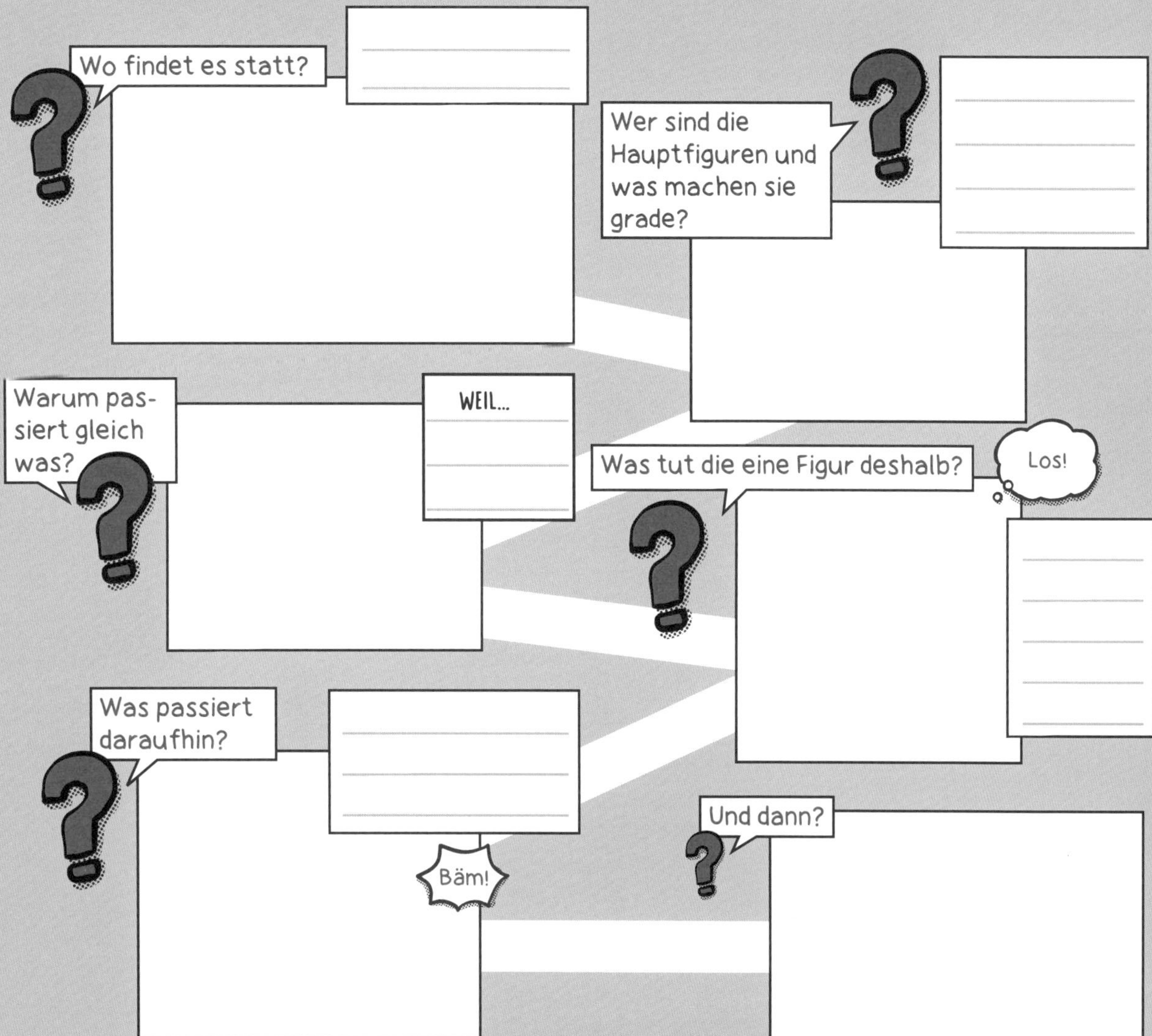

SZENEN ZEICHNEN

Für Szenen mit einem Anfang und einem Ende brauchst du eigentlich nur zwei Panels:
1. In einem Panel beginnt eine Figur etwas (»Los«!),
2. Im anderen passiert deshalb etwas (»Bäm!«).

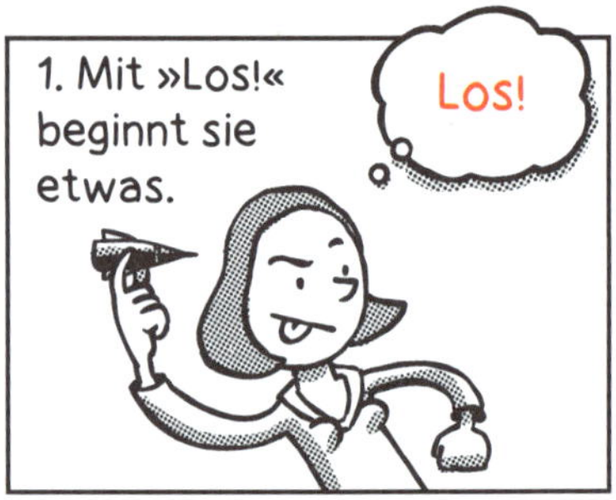

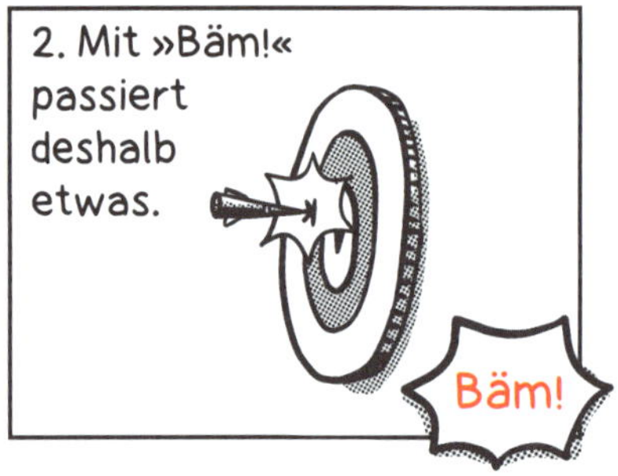

Aber wer will schon kurze Comics?

Zwischenbilder machen sie interessant: Du verzögerst die Zeit und lenkst die Aufmerksamkeit auf erzählenswerte Details, zum Beispiel so:

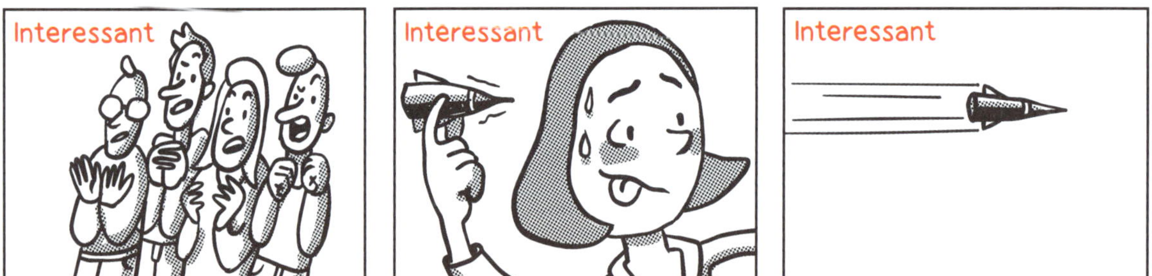

Jetzt du!

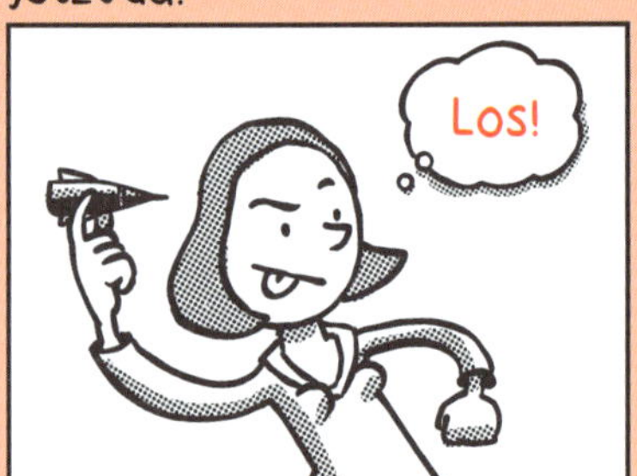

Zeichne dein Zwischenbild!

Was passiert dann?

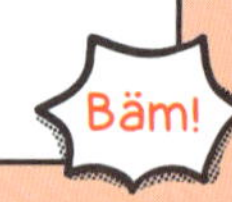

EINE SZENE AUSDEHNEN

»Basketball spielen«

In dieser Geschichte ist alles klar. Sie kann aber interessanter werden. Willst du sie mit eigenen Zwischenbildern vervollständigen?

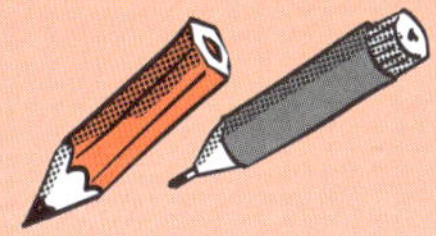

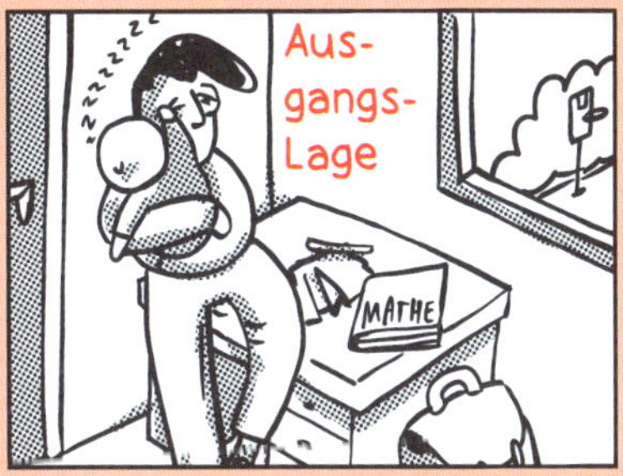

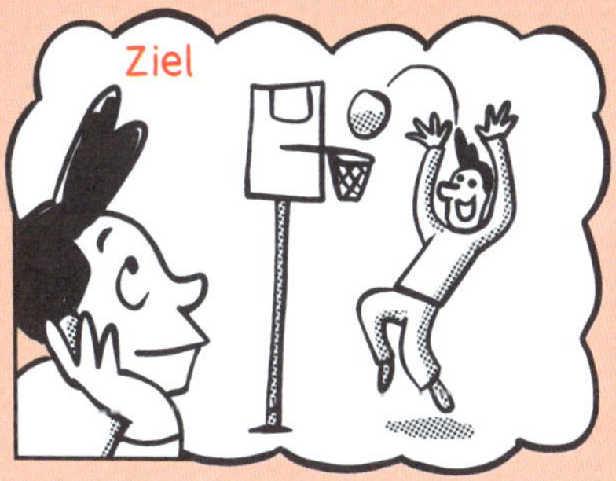

Interessant

Wo schaut er jetzt hin?

Los!

Hier nimmt er einen Rucksack!

Los!

Was tut er mit dem Baby?

Interessant

Vielleicht ist er hier schon auf dem Weg ...?

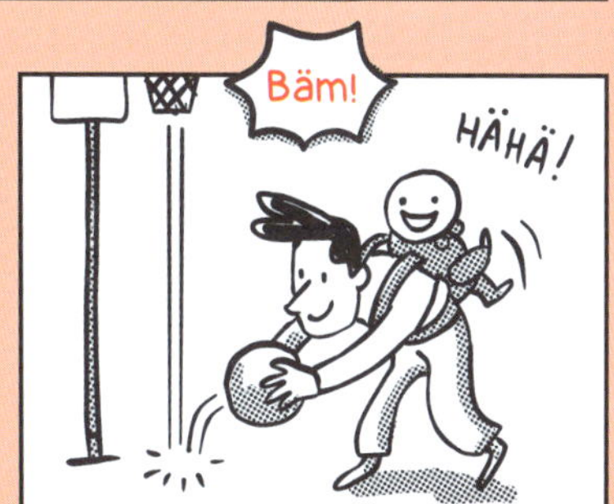

DIE VIER ERZÄHL-TEILE EINER GESCHICHTE

Die Hauptfigur soll glücklich werden: Happy End

Viele Geschichten bestehen aus vier Teilen. Hier siehst du, welche.

Für ein Happy End geben wir der Hauptfigur Susi anfangs ein herausforderndes Ziel.

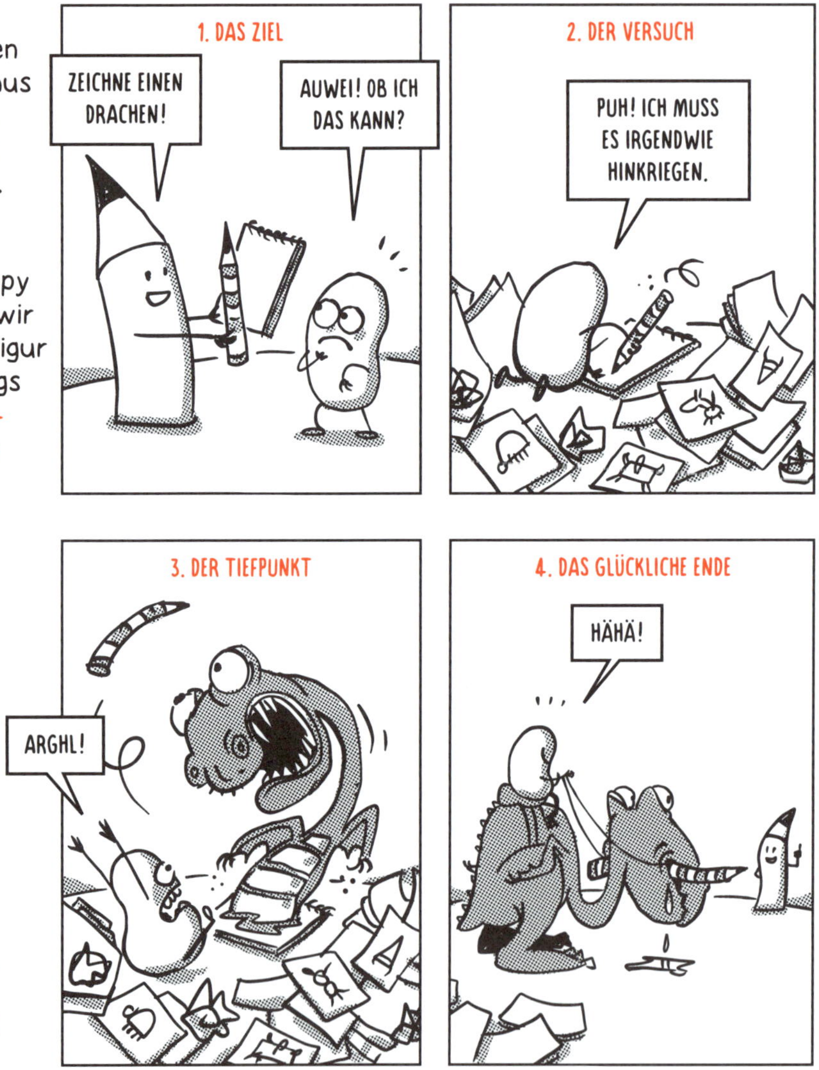

Susi quält sich mit ihrer Aufgabe.

Es kommt schlimmer, als sie befürchtet hat.

Happy End! Schließlich hat sie die Sache doch noch zu einer guten Lösung geführt.

Die Hauptfigur wird leiden: Drama

Ein Drama hat auch vier Teile, aber wir fangen mit einer anderen Stimmung an.

Geben wir Susi anfangs ein aufregendes, tolles Ziel.

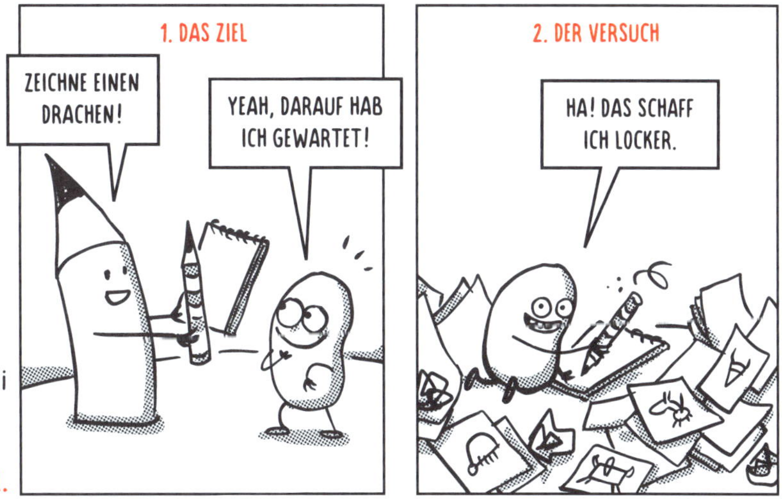

Susi schmeißt sich in ihre Aufgabe.

Es kommt noch besser, als sie gedacht hat.

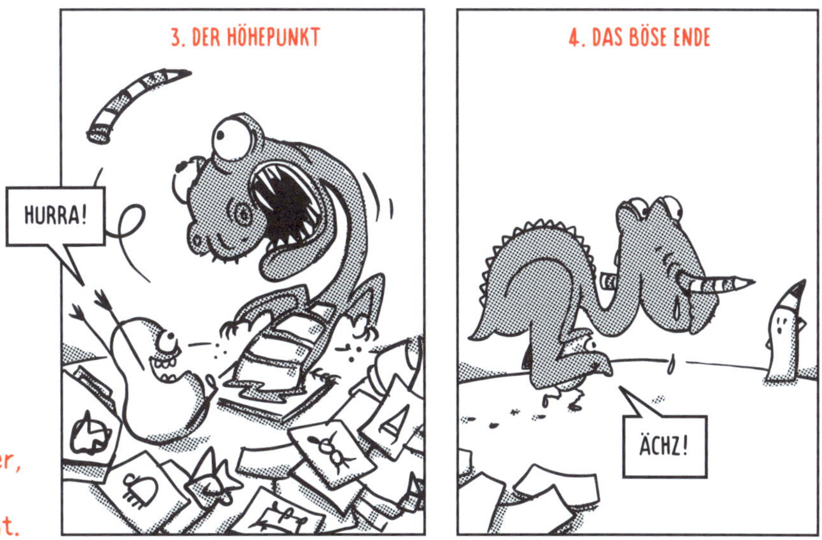

Drama! Schließlich hat sie sich damit doch ein Problem geschaffen.

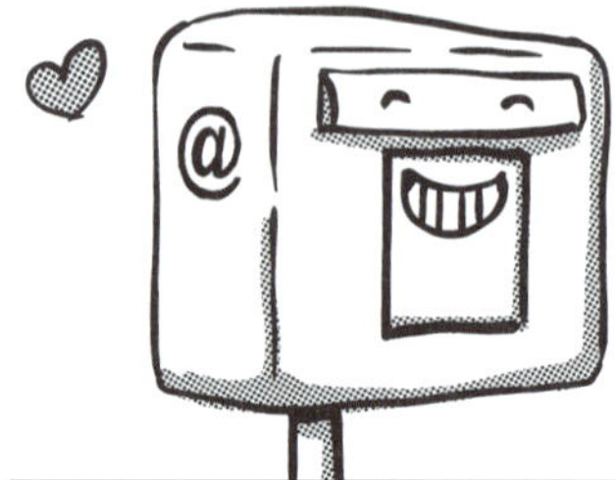

DAS POSTKARTEN-DUELL

Comics machen und Comics bekommen

Gibt es jemanden, mit dem du gerne lachst und fantasierst? Magst du es, Post zu bekommen?

Tut euch zusammen und schreibt und zeichnet euch Postkarten-Comics!

So geht's:

Besorgt euch Karton in der Größe DIN A6. Das ist Postkarten-Größe. Es gibt sie unliniert als Kartei- oder Lernkarten.

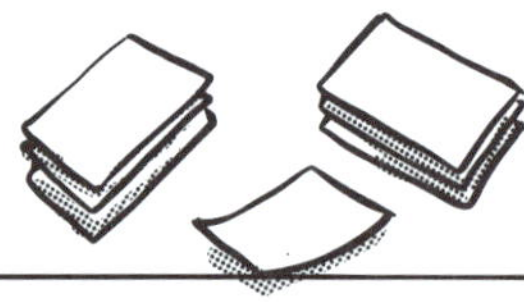

Wichtig sind auch ein paar passende Briefmarken, und natürlich tauscht ihr eure Adressen.

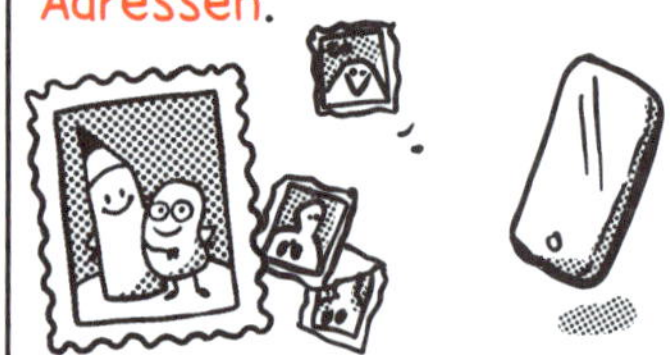

Macht aus, wieviele Karten ihr euch gegenseitig schicken wollt.

Fünf für den Anfang?

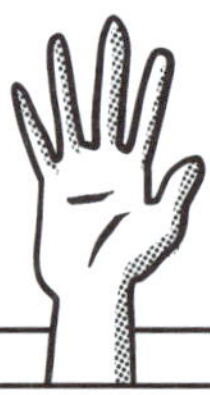

Vereinbart ein Datum, an dem ihr beide startet, und versprecht euch, ganz sicher jeden Tag eine der Karten mit einem Comic zu füllen.

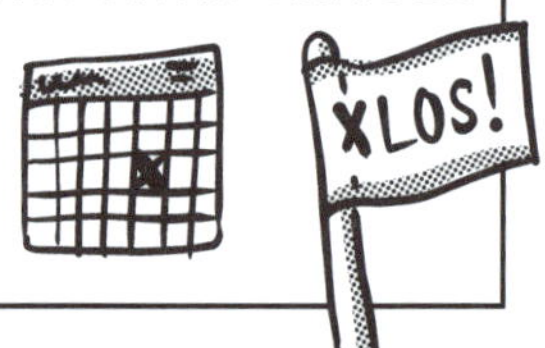

Zeichnet euch 4 Kästchen (siehe Vier-Bilder-Strips) auf eine Seite und füllt sie mit einer kurzen Comic-Episode.

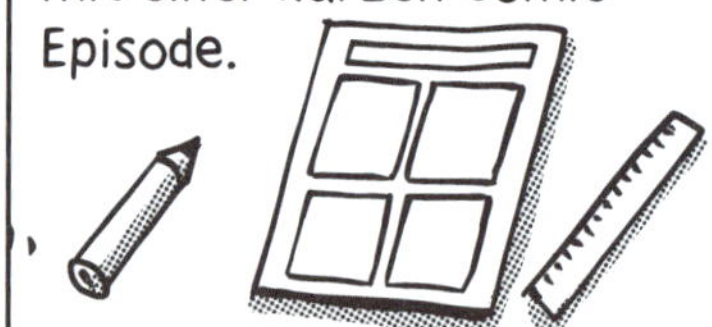

Themenvorschläge:

- Was du gerade machst
- Ein Life-Hack
- Etwas Gruseliges?

Es muss nicht schön sein! Egal wie, zeichnet es fertig!

Schreibt die Adresse drauf, klebt die Marke drauf, und ab zum Postkasten damit.

Morgen wieder eine!

Nach ein paar Tagen bekommt ihr auch selbst die ersten Comic-Karten.

Bestimmt fallen euch mit den Geschichten, die ihr bekommt, wieder neue Geschichten ein!

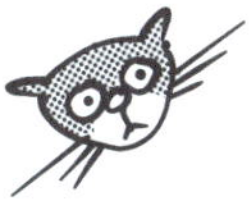

Fordere jemanden zum Comic-Duell heraus!

Zeichne einen Comic in diese Vorlage!

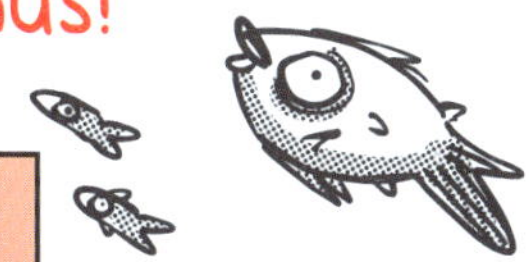

Dein Titel und dein Name hier ------>

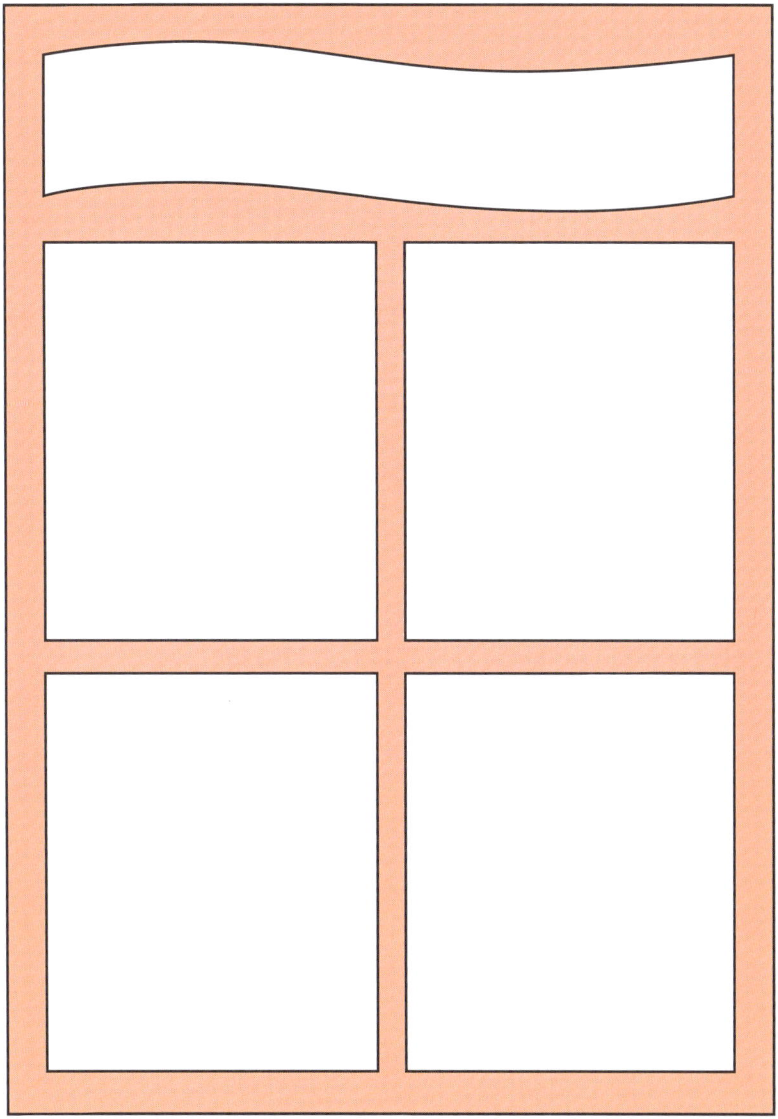

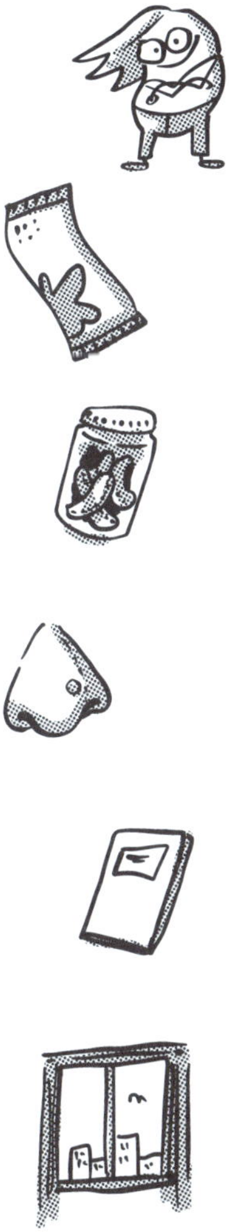

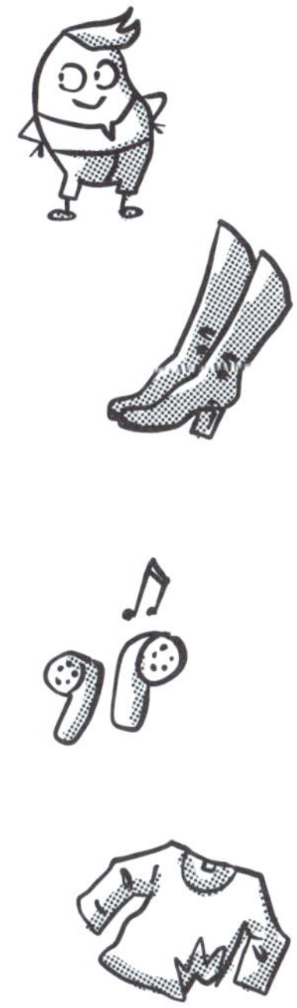

Drama oder Happy End?

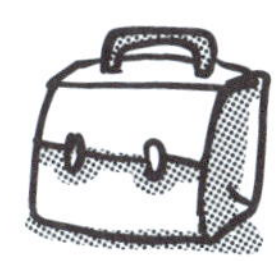

EIN ABENTEUER

»Der Diebstahl«

Los, wir zeichnen ein Abenteuer.

Die Hauptfigur heißt Gregor und muss sich etwas Wertvolles zurückholen.

Nutze wieder die Beispiel-Bilder als Bleistift-Hilfslinien.

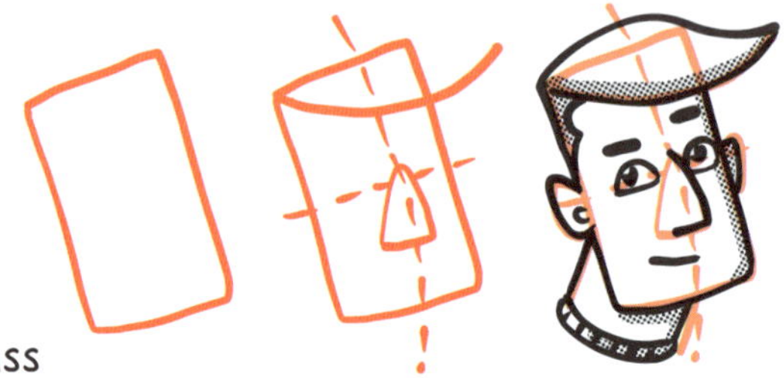

Gregors Kopf

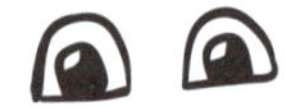

Glanzpunkte im Auge (nur bei Naheinstellung)

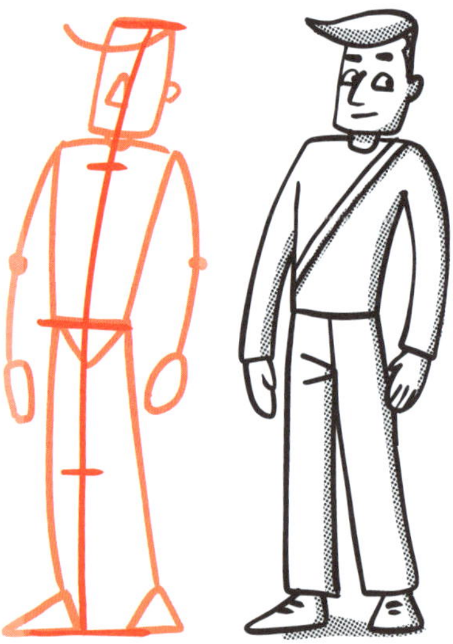

Gregor ganz

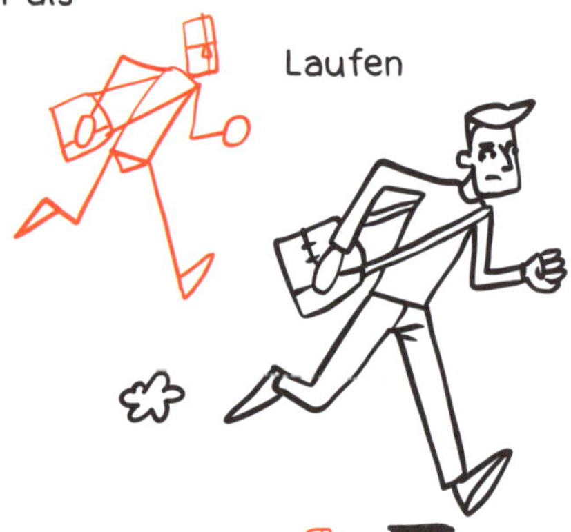

Laufen

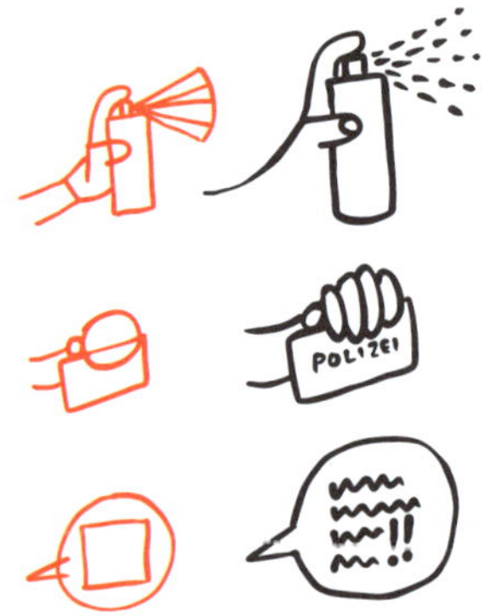

Schlagkräftige Argumente

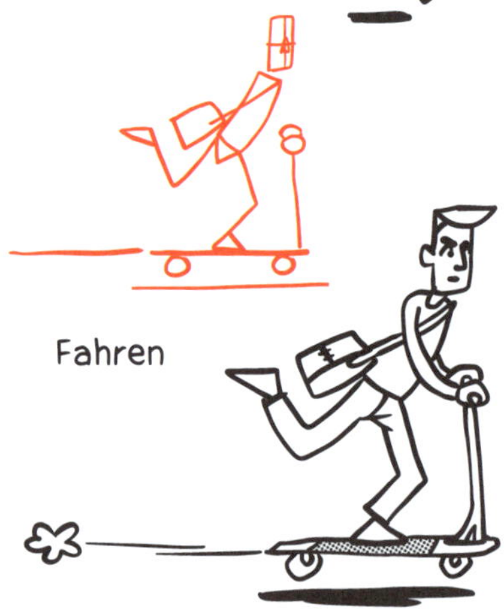

Fahren

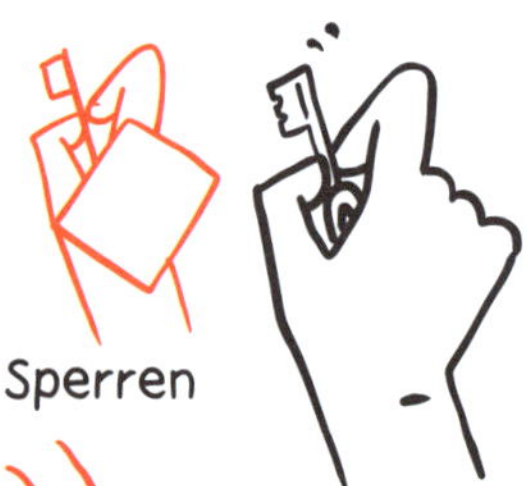

Sperren

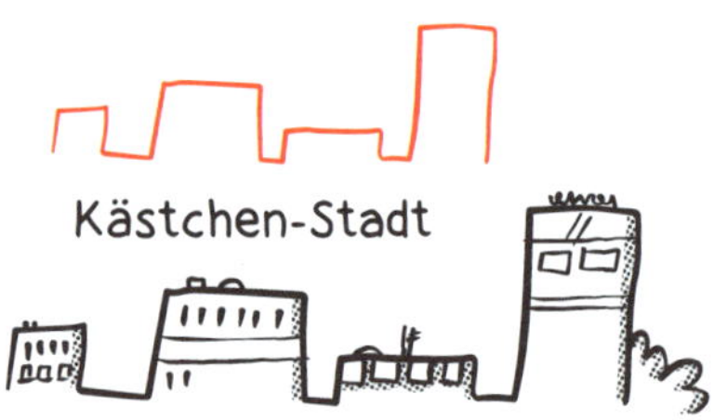

Kästchen-Stadt

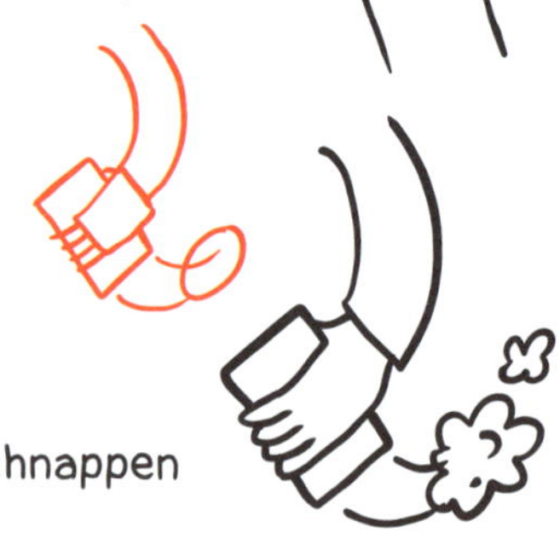

Schnappen

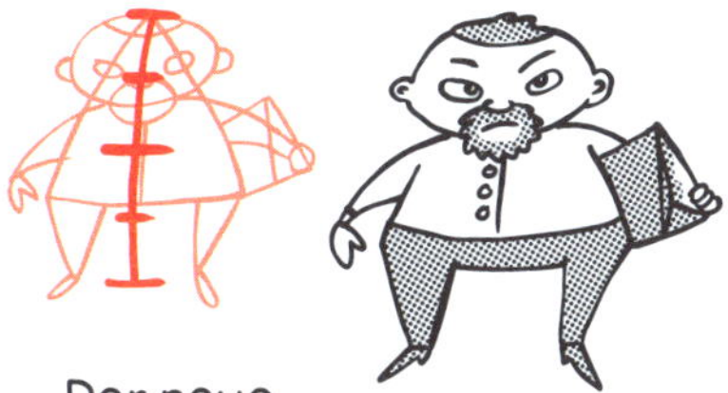

Der neue Aushilfslehrer?

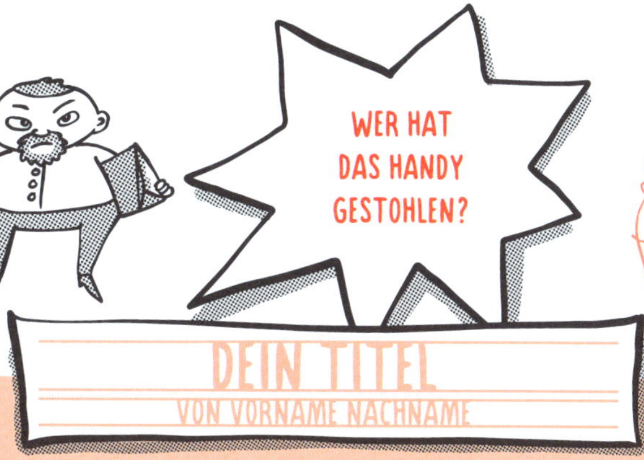

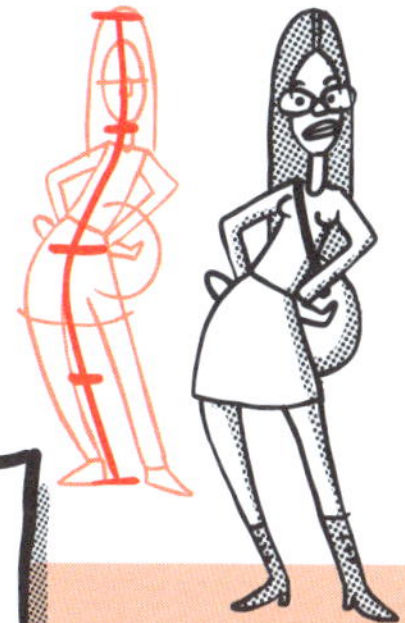

Lucy aus der Fünften?

Oder jemand völlig anderes?

Gregor war nur kurz weg, als er plötzlich seinen Klingelton hört.

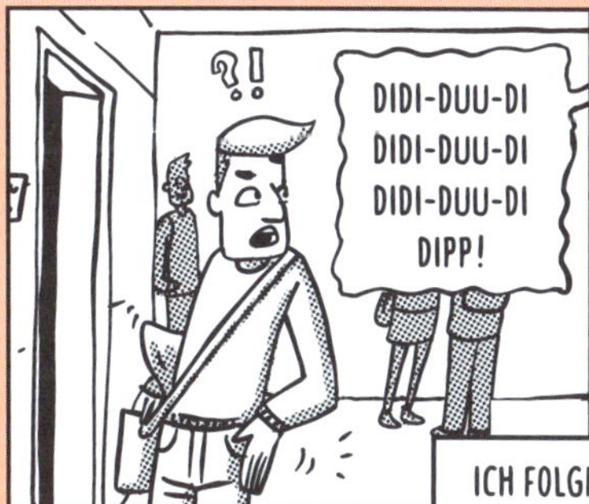

Sein Handy wird weggetragen!

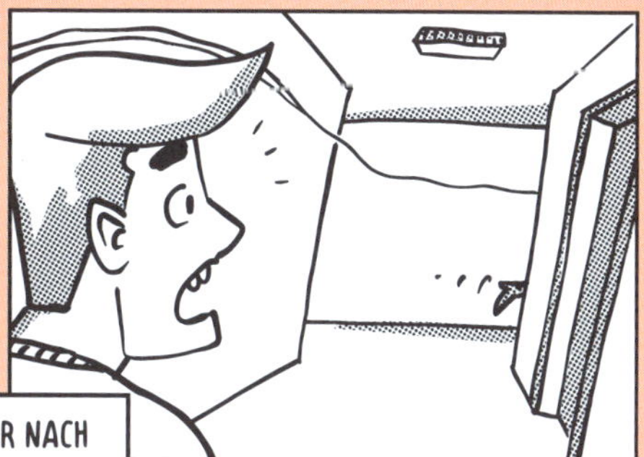

Das lässt sich Gregor nicht gefallen!

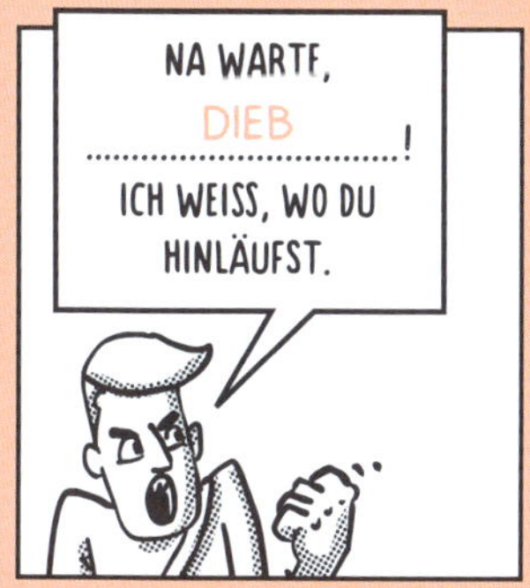

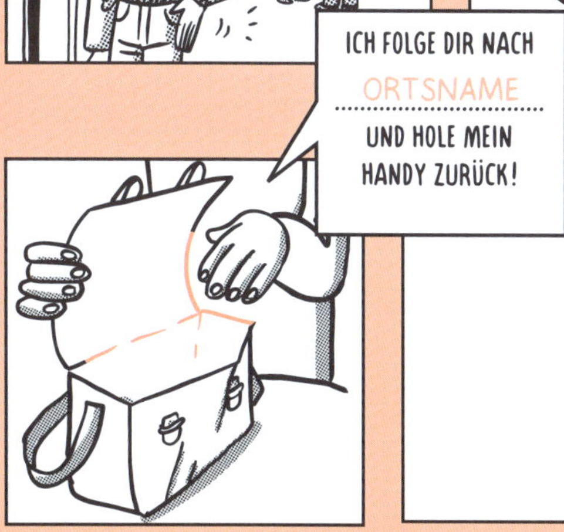

Schreib, wohin Gregor will. Zeichne, was er einpackt.

Er tritt aus dem Gebäude.

Da steht ein Transportmittel für ihn.

Zeichne die Geschichte auf den folgenenden Seiten weiter!

Gregor ist auf dem Weg. Wie »reist« er?

Wir erkennen den Ziel-Ort. (Vielleicht gibt es ein Schild.)

Gregor geht »hinein«.

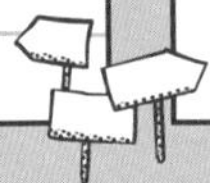

Die Umgebung ist fremd und unangenehm. Womit muss Gregor sich abplagen?

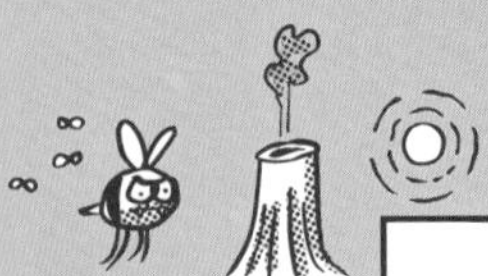

Gregor sieht sich einen bestimmten Platz genauer an.

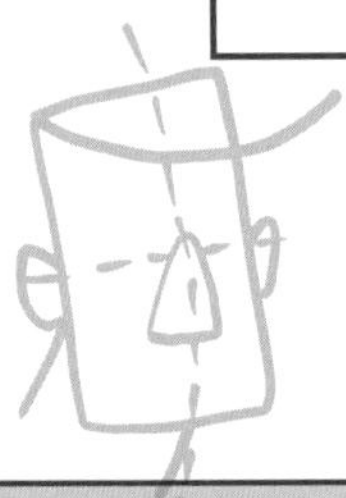

Gregors Gesicht, als er sein Handy entdeckt!

Ist das Handy eingesperrt? Wo und wie?

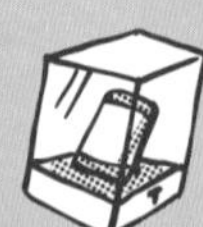

In diesem Moment schaut ihn das Diebswesen an!

Welche fiese Abwehr wendet es gegen Gregor an?

Ruft es Gregor etwas zu?

Nahaufnahme: Gregors entschlossener Blick!

Er setzt all seine Kraft ein.

Wie setzt sich Gregor durch?

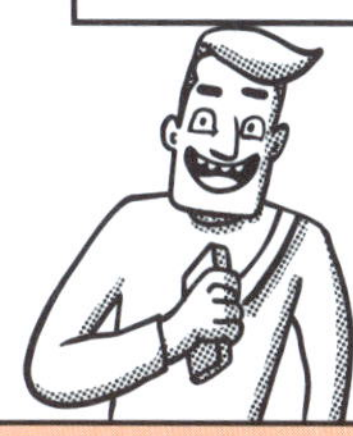

Er öffnet das Ding, das sein Handy festhält! Wie?

Gregors Hand schnappt sich das Handy.

Gregor (oder das Handy) spricht letzte weise Worte ...

EIGENE ALLTAGSERLEBNISSE

Ein Tag aus deinem Leben

Die besten Erlebnisse sind oft die, die man selber erlebt hat. Du als Hauptfigur erzählst, was du denkst oder fürchtest, oder schlau überwunden hast …

Natürlich musst du dich nicht erkennbar zeichnen. Wie wär's mit einer Verkleidung als Tier?

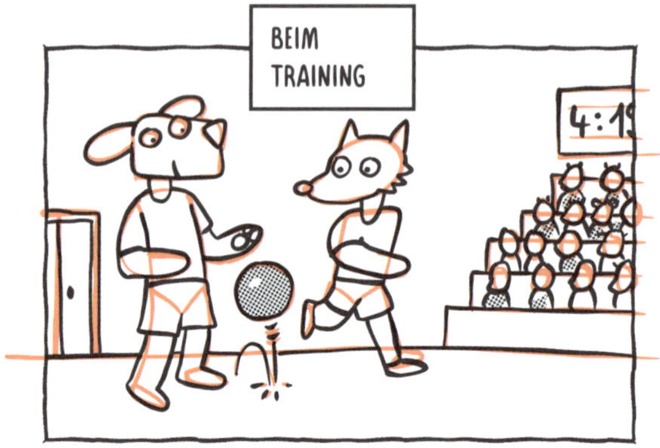

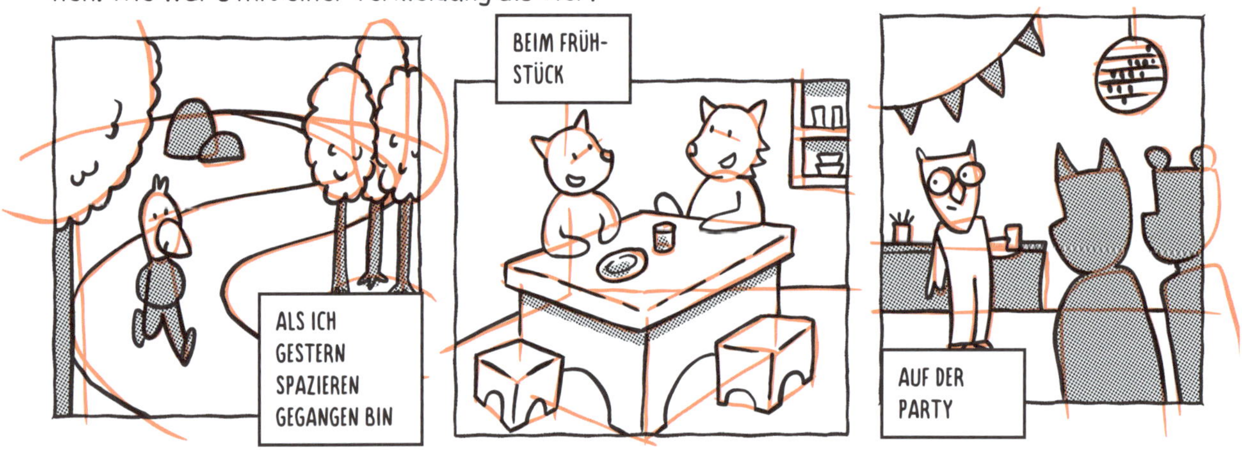

Mögliche Probleme:

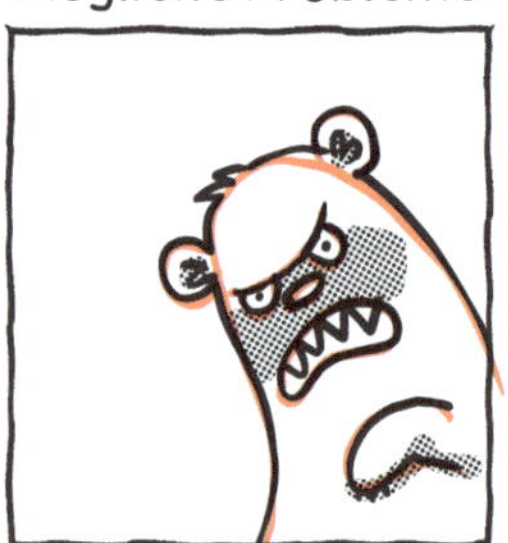

Das wiederkehrende Böse

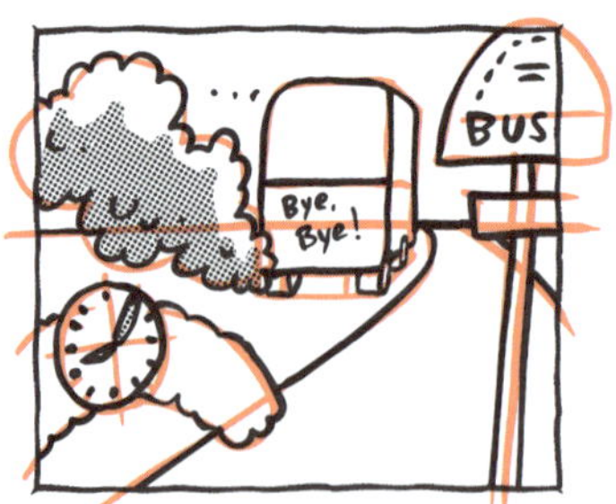

Das bittere Versäumnis

Mögliche Herausforderungen:

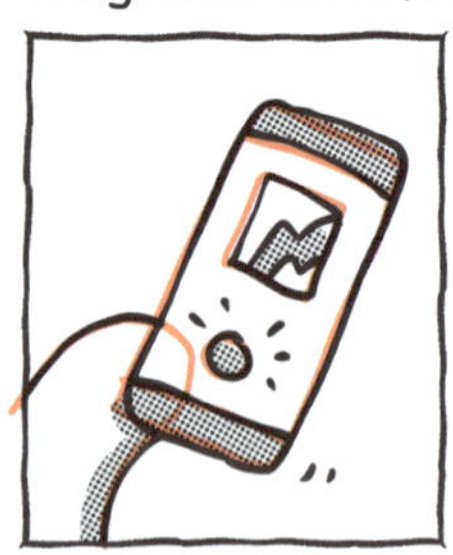

Der gewisse Anruf

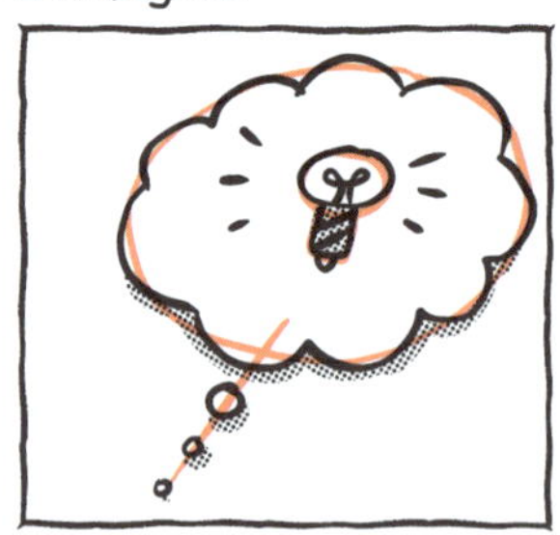

Die tollste Idee der Welt

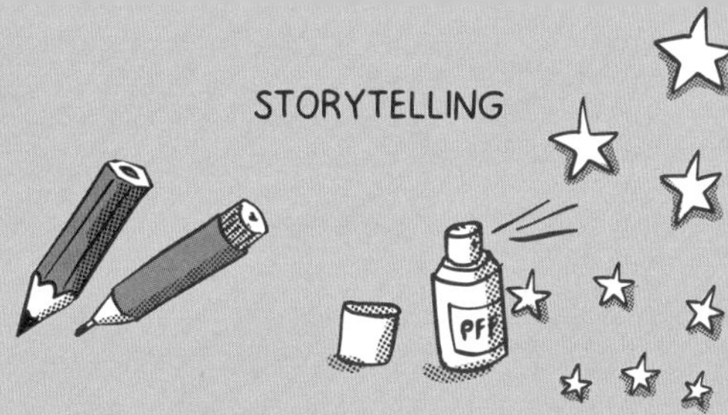

Neulich...

Ist dir etwas Lustiges oder Interessantes passiert? Mit wem? Schnapp dir Stifte und zeichne es auf!

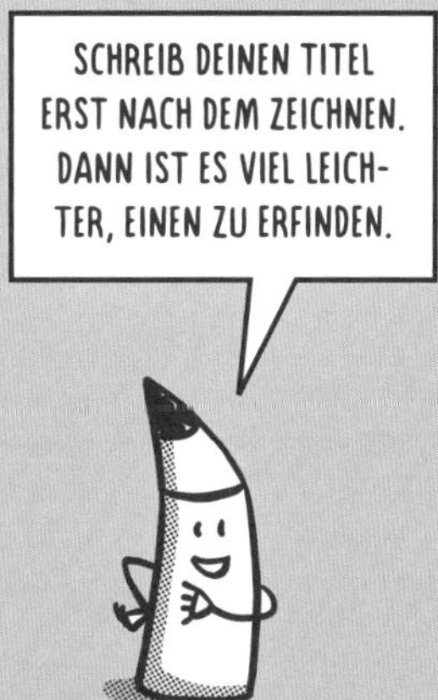

DEIN SUPER TITEL

VON VORNAME NACHNAME

Wo fing das Ganze an? Zeig, ...

... was du gerade gemacht hast und mit wem ...

...wie du unterbrochen wirst,

... dein Gesicht:

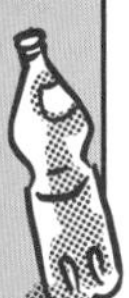

Was ist anders als vorher? ... Was beschließt du, zu tun? ... Was passiert dann?

Wie geht die Sache aus?

Schreib zum Schluss eine neue Erkenntnis in eine Sprech-oder Denkblase und zeichne dazu dich oder eine andere wichtige Figur.

CLIFFHANGER-ALARM

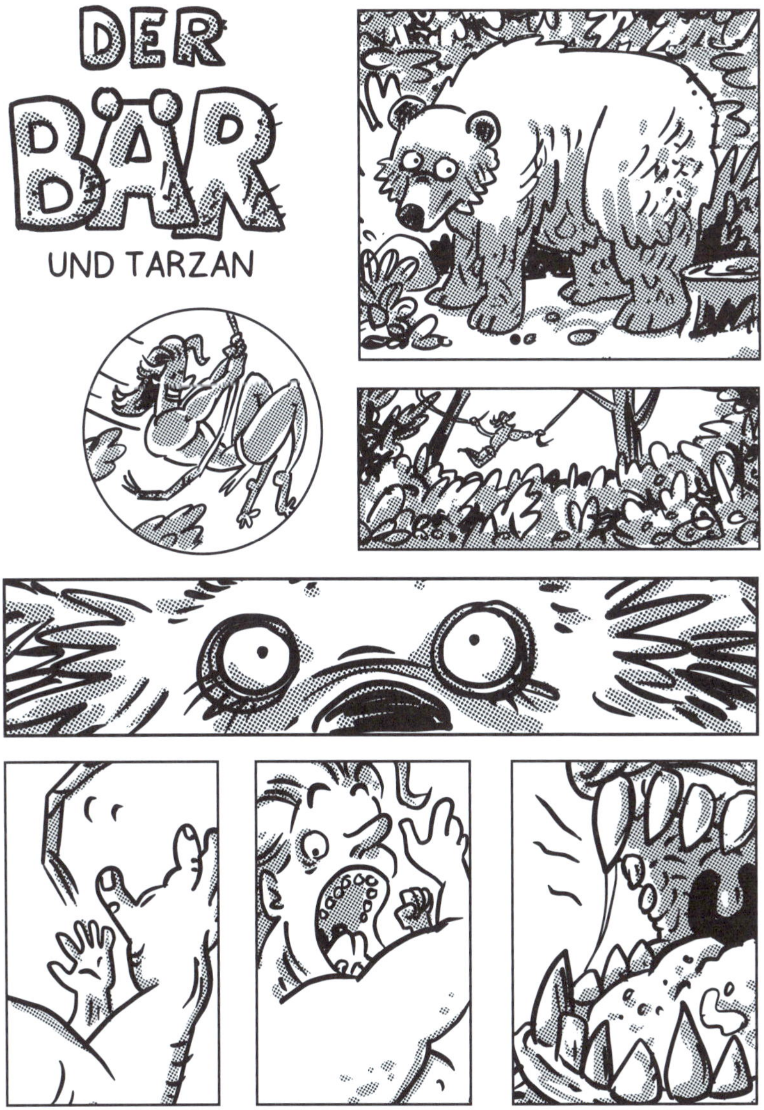

Ein Bär trifft auf Tarzan.
Ob das gut ausgeht?

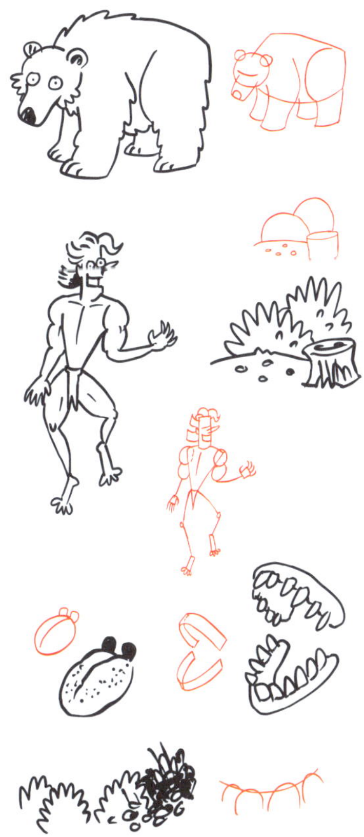

Endet die Comicseite mit dem spannendsten Moment?
Ist offen, wie es weitergeht?
Dann ist das letzte Bild ein **Cliffhanger**!

Der Bär und Tarzan – Folge 2

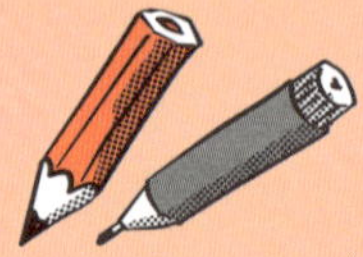

Cliffhanger sind kaum auszuhalten. Los, erzähl auf dieser Seite, wie es weitergeht und was als nächstes passiert ... und lass diese Seite wieder mit einer furchtbar spannenden Szene als Cliffhanger enden.

Der Bär und Tarzan – Folge 3

Du bist grade dabei, eine Comicserie zu machen! Lass dir doch noch einen dritte Folge einfallen! Natürlich wird sie wieder mit einem Cliffhänger enden, sodass sie theoretisch unendlich fortgeführt werden kann.

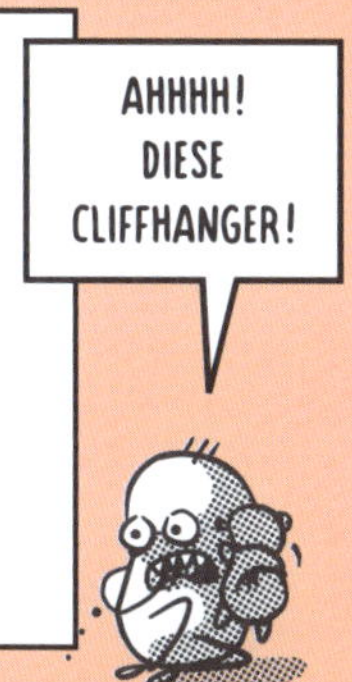

DAS ENDE FÜR EINE GESCHICHTE FINDEN

Hier sind vier Möglichkeiten, wie ein Konflikt gelöst werden kann: Zeichne dazu passende Dinge wie diese Bildbeispiele in die Panels.

DIE STÄRKERE WAFFE

Deine Hauptfigur will unbedingt siegen. Welches »gute Argument« hat sie?

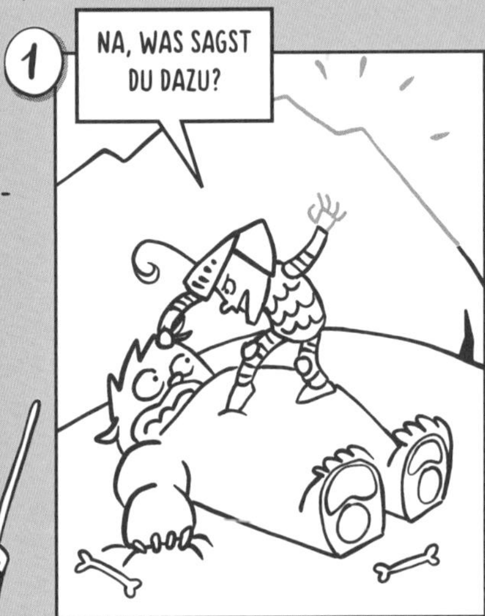

ZUHÖREN/ BEOBACHTEN

Was schenkt deine Figur dem Monster, damit es friedlich ist?

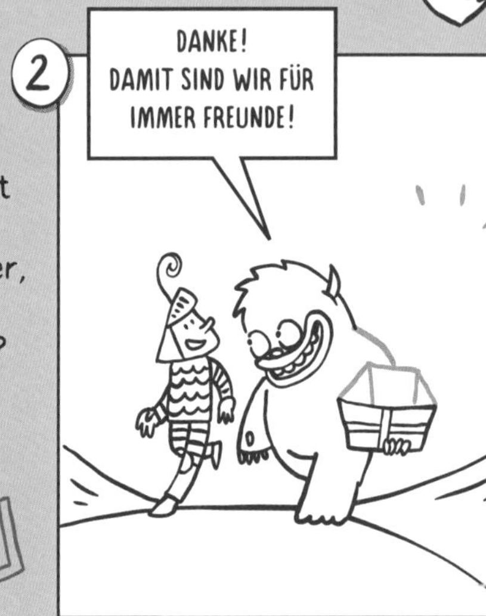

TAUSCH

Welchen Preis zahlt deine Figur, um zu bekommen, was ihr eigentlich wichtig ist?

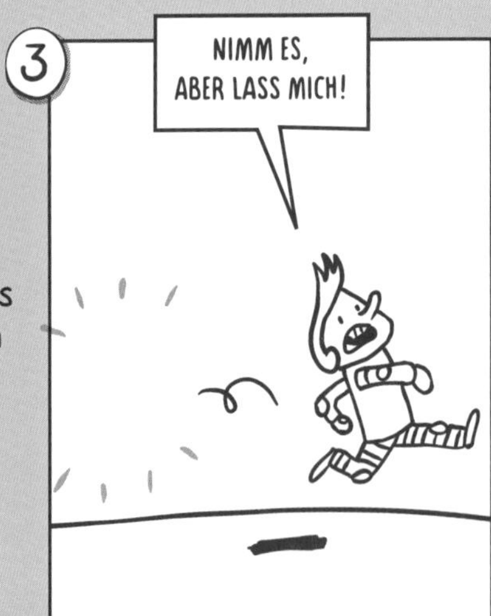

ÜBERRASCHUNG VON AUSSEN

Was taucht plötzlich auf, an das beide nicht gedacht haben?

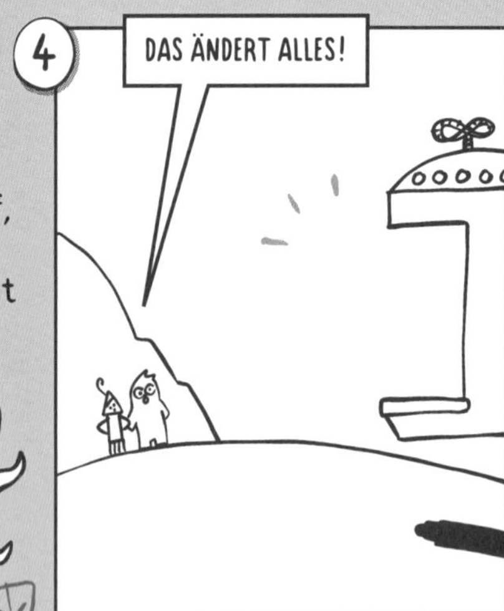

KAMPF MIT DEM MONSTER

1. Ziel

Deine Hauptfigur bekommt eine interessante Herausforderung.

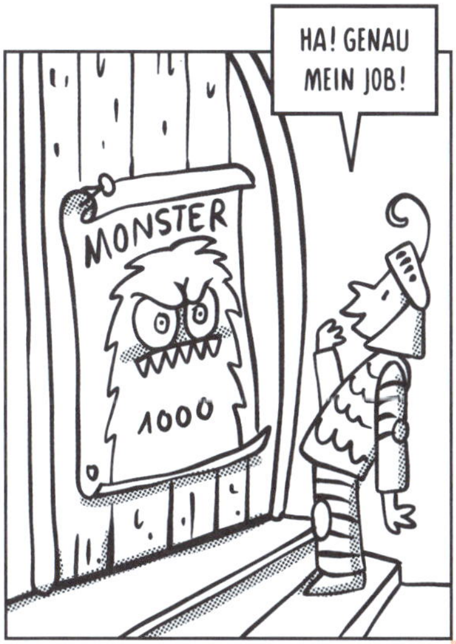

2. Versuch

Deine Figur schmeißt sich in ihre Aufgabe (hier: mutig).

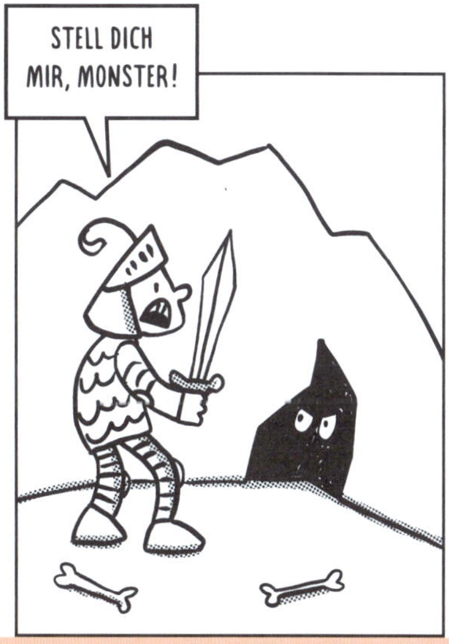

3. Tiefpunkt

Es kommt schlimmer, als sie befürchtet hat.

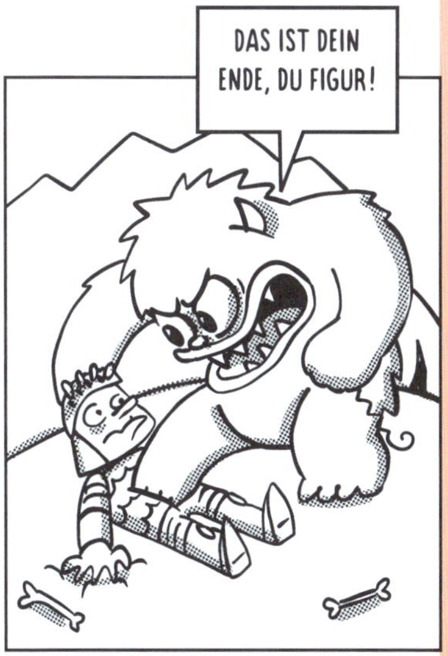

4. Ende

Wie geht es aus?

Zeichne eine der Möglichkeiten von der letzten Seite oder etwas Eigenes!

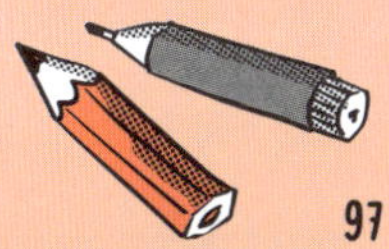

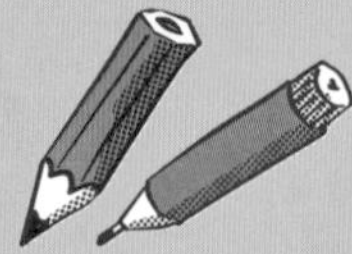

EIN HANDLUNGSBOGEN FÜR ERSTE IDEEN

Schreibe und skizziere eine Geschichte mit rotem Faden

Was ist dir lieber, zeichnen oder schreiben? Hier geht beides! Beantworte die Fragen und »schreib-zeichne« dazu in die weißen Felder.

Achtung: Diese Skizzen sind noch kein Comic, können aber die Grundlage für einen werden! Los geht's. Lass dir Zeit. Stell dir diese Fragen:

ANFANG

Wer ist deine Figur? Wie heißt sie? Wo ist sie? Was macht sie grade?

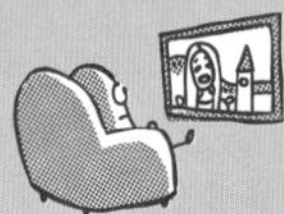

Naja, nicht alles ist in Ordnung. Woran sieht man, dass etwas unrund läuft?

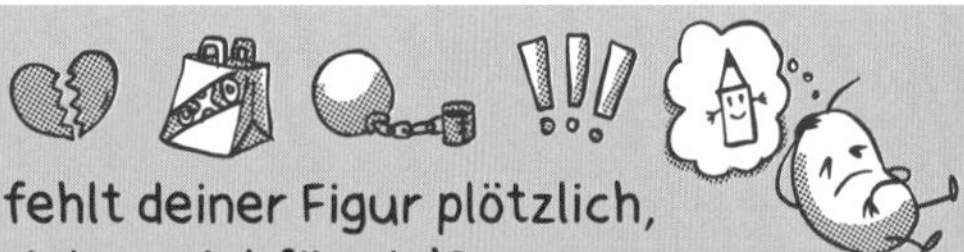

Was fehlt deiner Figur plötzlich, (oder ist zu viel für sie)?

Schließlich bekommt sie ein bestimmtes, konkretes Ziel. Was will (oder soll) deine Figur haben oder erledigen? – Es muss sein!

ANFANG

MITTE

Deine Figur muss sich der Herausforderung stellen. Sie ist in eine völlig neue Situation geraten. Was ist anders als vorher?

Was macht, dass sie tatsächlich nicht mehr rauskommt aus der Sache? Womit muss sie sich akut beschäftigen?

Übrigens: Welches Genre magst du?
Western? Weltraum? Action? Krimi? Horror? Romantik? Fantasy?
Was kennst du noch?

Skizziere hier an, was du auf deinem Cover ankündigen würdest.
Es soll Lust machen auf das, was deine Hauptfigur erleben wird.

Vielleicht hast du auch schon eine Idee für den Titel?

Weiter geht's: Deine Figur tut etwas auf ihre typische Art, um die Situation zu bewältigen. Was versucht sie?

Sie muss sich aber von ihren gewohnten Lösungen verabschieden: Es klappt nicht. Welche Reaktion bekommt sie?

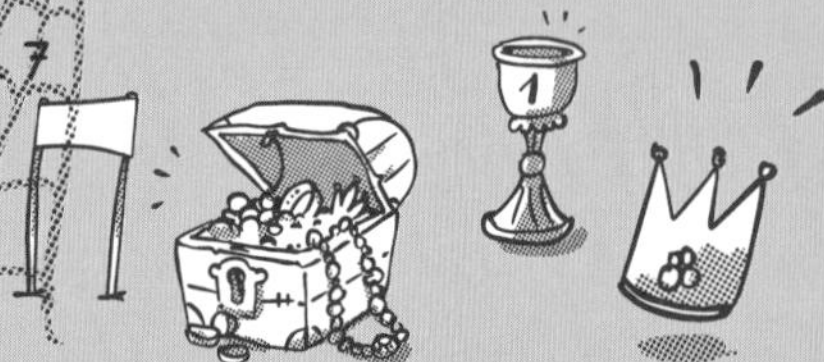

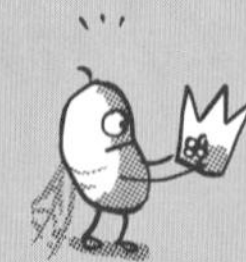

Es kommt trotzdem der Augenblick, in dem deine Figur erreicht, was sie haben oder wissen wollte. (Vielleicht nicht ganz so, wie sie es sich vorgestellt hatte). Wo und wie?

Deine Figur hat die Gelegenheit, ihren »Erfolg« einen Moment lang auszukosten.

Ist sie begeistert? Skeptisch? Frustriert?

Dann muss sie bemerken, dass sie mit ihrer Aktion jedenfalls »schlafende Hunde geweckt« hat. Wer oder was taucht auf?

Deine Figur muss nun wirklich teuer büßen. Wie wird sie verfolgt? Womit muss sie zahlen? Was wird ihr abverlangt?

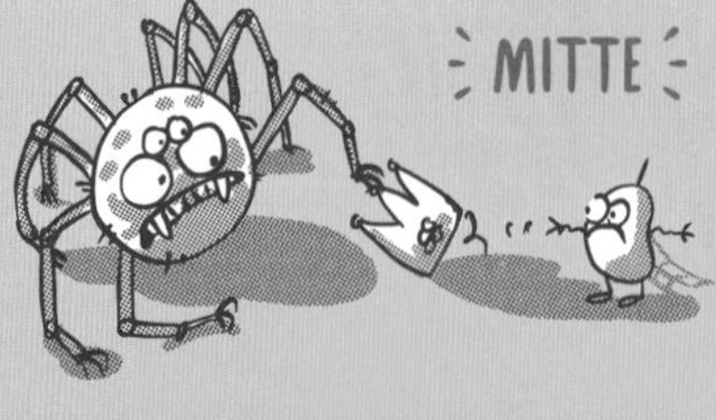

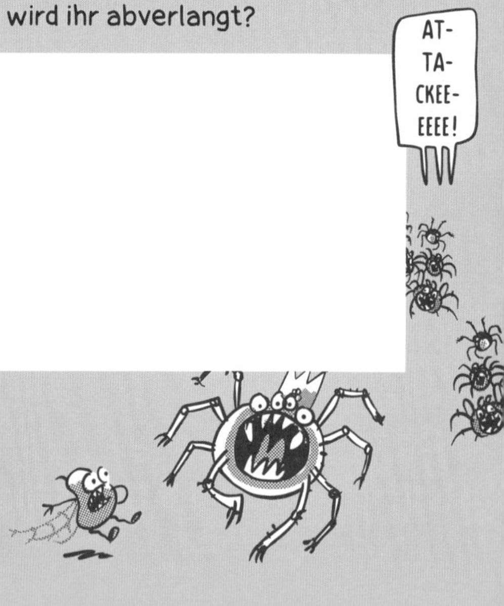

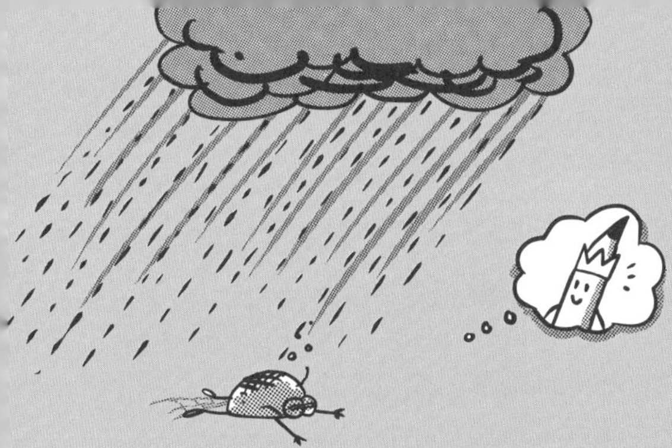

Welches höchste Gut erkennt deine Figur schließlich für sich? Schreib oder zeichne es hier ein. ------------------>

Deine Figur überlebt, ist aber fix und fertig. Sie hat alles verloren. In welcher Lage befindet sie sich? Hier erkennt sie, um was es ihr wirklich geht.

Mit dieser Erkenntnis holt sie fast übermenschliche Kräfte aus sich heraus. Wozu überwindet sie sich? Was opfert sie?

ENDE

Das war der Gamechanger. Deine Figur kann endlich »zu sich« zurückkehren. Wie?

Ein letztes Bild. Deine Figur ist verändert. Wie und wem zeigt sie, wie sie jetzt ist? Sagt sie etwas?

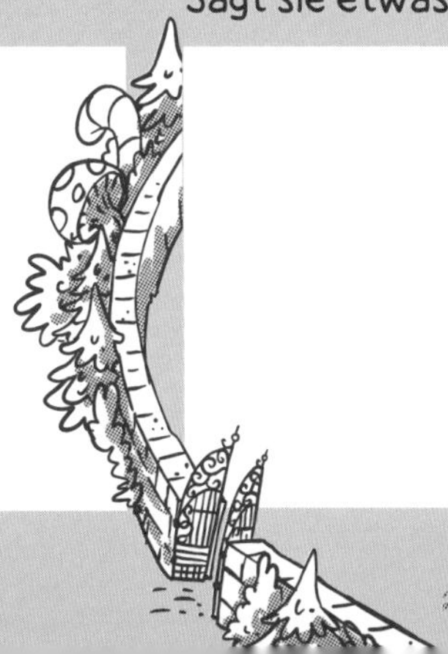

ENDE

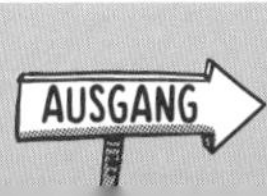

SCHREIBE UND ZEICHNE DEINE ANTWORTEN IN DEIN SKIZZENBUCH.

STORY-FRAGEN

Als kompakte Checkliste

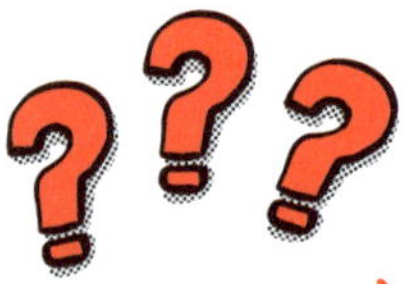

ANFANG

1. Wer ist deine Figur?

Wie heißt sie?
Wo ist sie? Was macht sie grade?

2. Etwas ist nicht in Ordnung.

Woran sieht man, dass etwas im Leben deiner Figur unrund läuft?

3. Was fehlt deiner Figur plötzlich?

Oder was ist zu viel für sie?

4. Ein bestimmtes, konkretes Ziel.

Was will (oder soll) deine Figur schließlich haben oder erledigen? – Sie merkt, es geht kein Weg dran vorbei!

MITTE

5. In einer neuen Situation

Deine Figur ist damit in eine völlig neue Situation geraten.
Was ist anders als vorher?

6. Kein Zurück

Was macht, dass sie tatsächlich nicht mehr rauskommt aus der Sache?
Mit welcher Herausforderung muss sie sich akut beschäftigen?

7. Versuche

Deine Figur muss ihre Lage akzeptieren. Sie tut also etwas auf ihre typische Art, um die Situation zu bewältigen.
Was versucht sie?

8. In Schwierigkeiten

Sie muss sich aber leider von ihrer erhofften Lösung verabschieden: Es klappt nicht. Welche Reaktionen bekommt sie stattdessen?

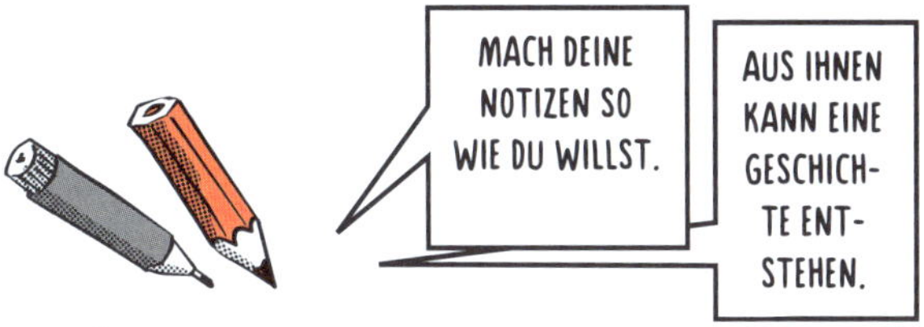

9. Endlich doch am Ziel

Trotzdem kommt der Augenblick, in dem deine Figur erreicht, was sie haben oder wissen wollte. (Vielleicht nicht ganz so, wie sie es sich vorgestellt hatte).
Wo und wie?

....

10. Eine kurze Pause

Deine Figur hat die Gelegenheit, ihren »Erfolg« auszukosten. Ist sie begeistert? Skeptisch? Frustriert?

....

11. Schlafende Hunde

Leider muss sie bemerken, dass sie mit ihrer Aktion offenbar »schlafende Hunde geweckt« hat. Wer oder was taucht plötzlich auf?

....

12. Verfolgungsjagd

Deine Figur muss nun wirklich teuer büßen. Wie wird sie verfolgt? Womit muss sie zahlen? Was wird ihr abverlangt?

ENDE B

13. Alles verloren

Deine Figur überlebt, ist aber fix und fertig. Sie hat alles verloren.
In welcher Lage befindet sie sich?
Jetzt erkennt sie, was ihr eigentlich am Wichtigsten ist. – Was?

....

14. Neue Kraft

Mit dieser neuen Erkenntnis holt sie fast übermenschliche Kräfte aus sich heraus. Wozu überwindet sie sich? Was opfert sie dafür?

....

15. Heimkehr

Das ist der Gamechanger. Deine Figur kann endlich die Verfolger hinter sich lassen und »zu sich« zurückkehren. Was nimmt sie mit?

....

16. Ein neues Wesen

Deine Figur ist verändert. Wem zeigt sie, wie sie jetzt »drauf« ist? Wie tut sie das? Sagt sie etwas, was das deutlich zum Ausdruck bringt?

KAPITEL 8: WORKFLOW
EINE HANDLUNG MIT BILDERN ERZÄHLEN

Mit oder ohne roten Faden: Bevor du deinen Comic gleich in Panels zeichnest, macht es Sinn zu schauen, welche Erzählschritte du überhaupt brauchst. Du sammelst also erstmal alle Bilder, die deinem Publikum helfen, die Geschichte zu verstehen. Und lustige Ideen!

1 Bilder sammeln

- ☑ Frag dich: Was passiert? Was soll man sehen?
- ☑ Zeichne und schreibe deine Ideen ungeordnet aufs Papier.
- ☑ Je mehr, desto besser.
- ☑ Mach eine Pause danach.

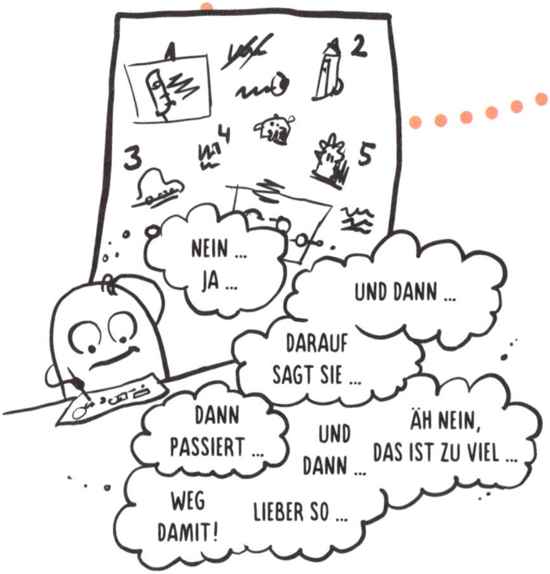

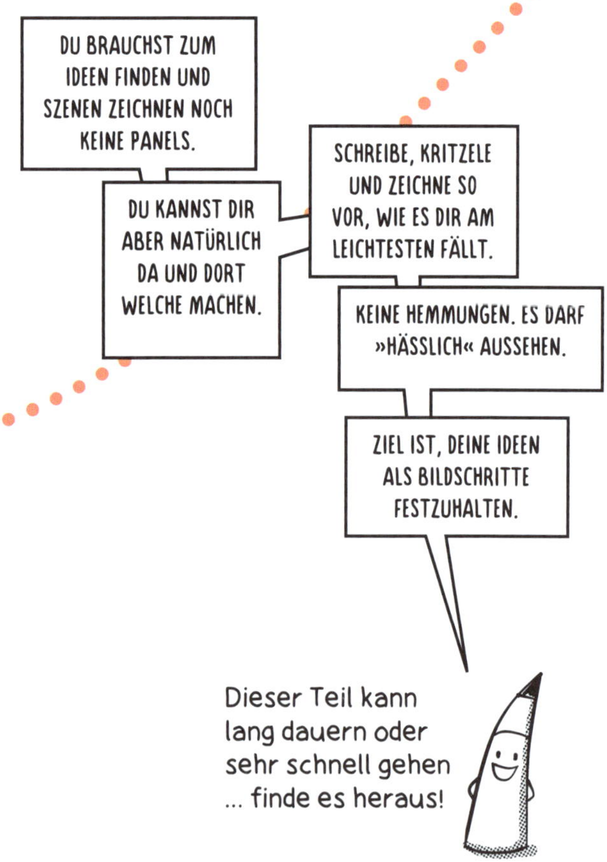

Dieser Teil kann lang dauern oder sehr schnell gehen ... finde es heraus!

2 Alles da?

Vergleiche deine Skizzen:

- ☑ Werden mit deinen Bildern alle Fragen des Publikums beantwortet?
- ☑ Was kann raus?
- ☑ Wo braucht es noch Erzähl-Schritte?
- ☑ Braucht es mehr Text? Oder weniger?
- ☑ Ist der Schluss gut?

So bekommst du Kontrolle darüber, ob dein Comic einen guten Ablauf hat.

3 Sortieren

Hast du alle Erzähl-Schritte, die du brauchst? Dann

- ☑ umkringle die Bilder, die du in deinem Comic haben willst, und
- ☑ nummeriere den Ablauf.

So bringst du deine Ideen in eine sinnvolle Reihenfolge.

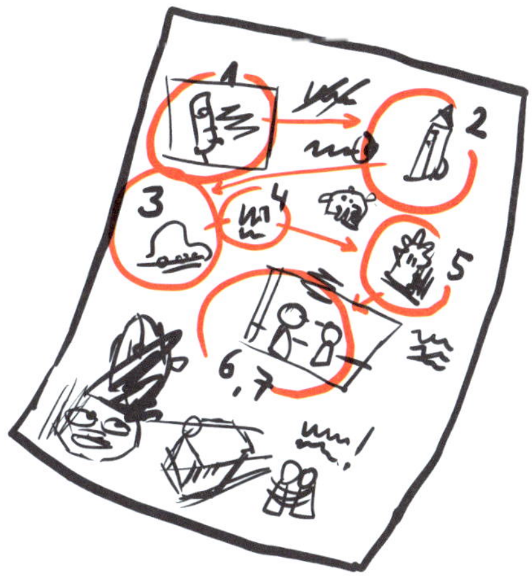

4 Schritte zählen

Wenn der Ablauf für dich funktioniert,

- ☑ zähle deine Erzähl-Schritte.

Damit weißt du, wieviele Panels dein Comic braucht.

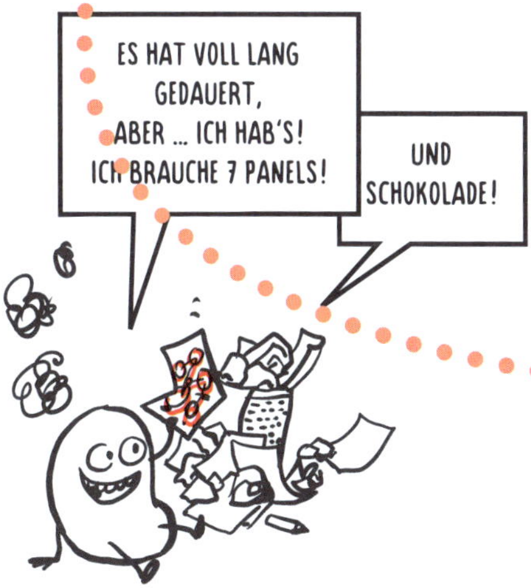

5 Übertragen

- ☑ Jetzt kannst du deine Skizzen in ein Raster übertragen.

Auf der nächsten Seite erfährst du, wie du dir eines machst.

RASTER SELBER MACHEN

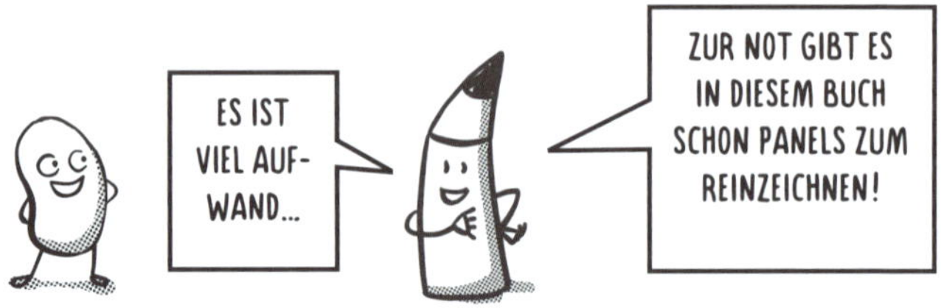

Zeichne ein Rechteck auf dein Papier. Miss dafür von allen Seiten den gleichen Rand ab und zieh Linien mit Bleistift und Lineal.

Damit du Panels bekommst, die Abstand von einander haben, ziehe ungefähr in der Mitte des Rechtecks zwei waagerechte Linien.

Teile die beiden so entstandenen Hälften nochmals ungefähr in der Mitte.

Es sieht gut aus, wenn alle waagerechten Linien ungefähr gleich weit auseinander sind.

Für weniger Zeilen rechne dir aus oder schätze ab, wo die Linien hingehören. Mach dir kleine Markierungen und zieh dort die doppelten Linien.

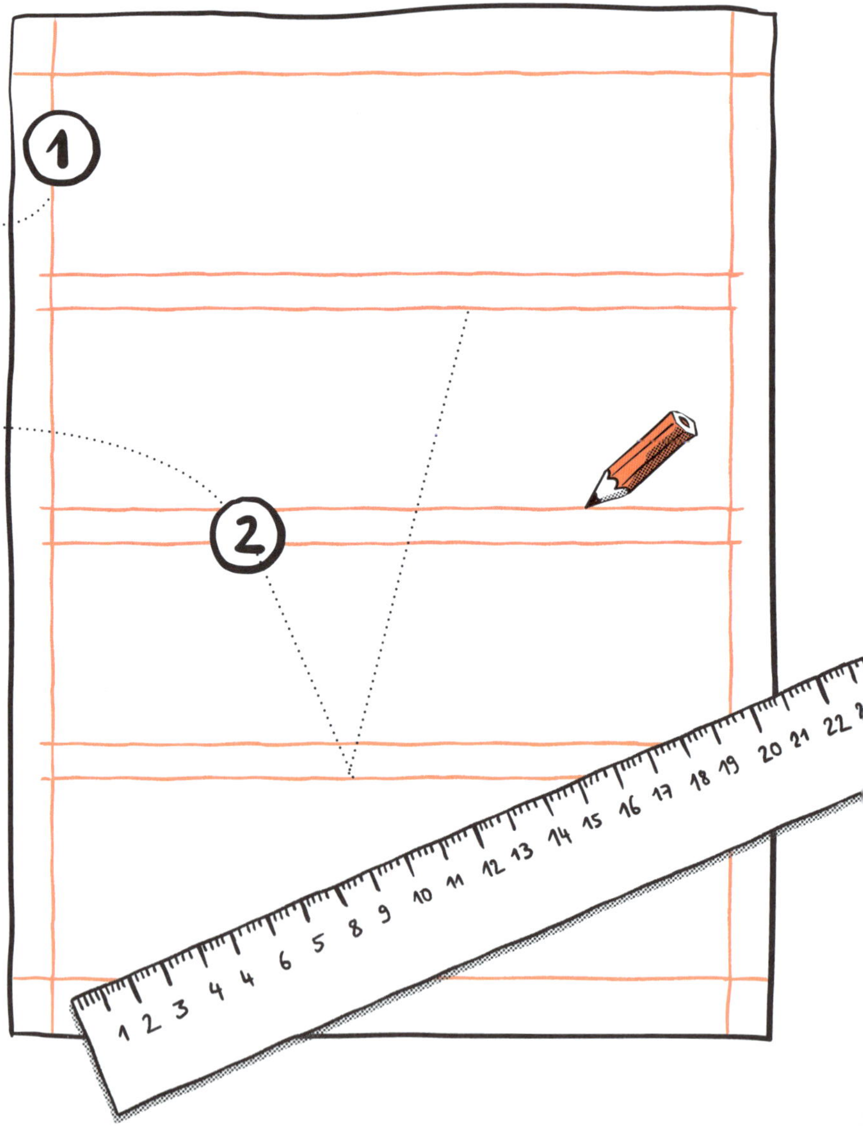

EIN PRAKTISCHER ARBEITSABLAUF

So schaffst du, dass alles, Text und Bild, gut in die Panels passt:

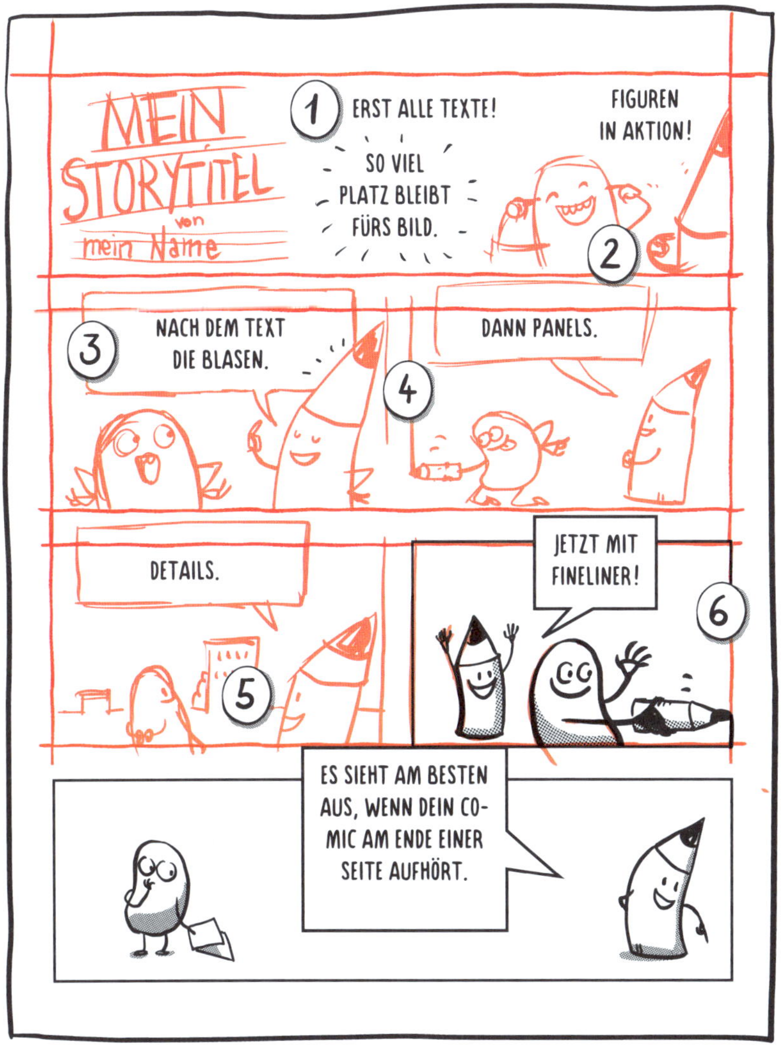

1. Verteile als Erstes alle Texte in den Rasterzeilen. So weißt du, wieviel Platz die Bilder noch haben!
2. Skizziere deine Figuren in Aktion.
3. Mach jetzt Sprechblasen um deine Texte.
4. Unterteile die Rasterzeilen in Panels.
5. Wenn du willst, füge noch Details hinzu.
6. Wenn alles am richtigen Platz sitzt, zeichne mit Fineliner nach.

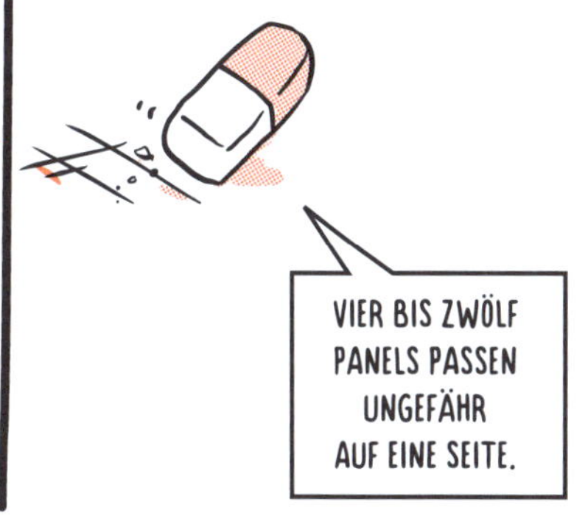

EINE FRAGE DES STILS

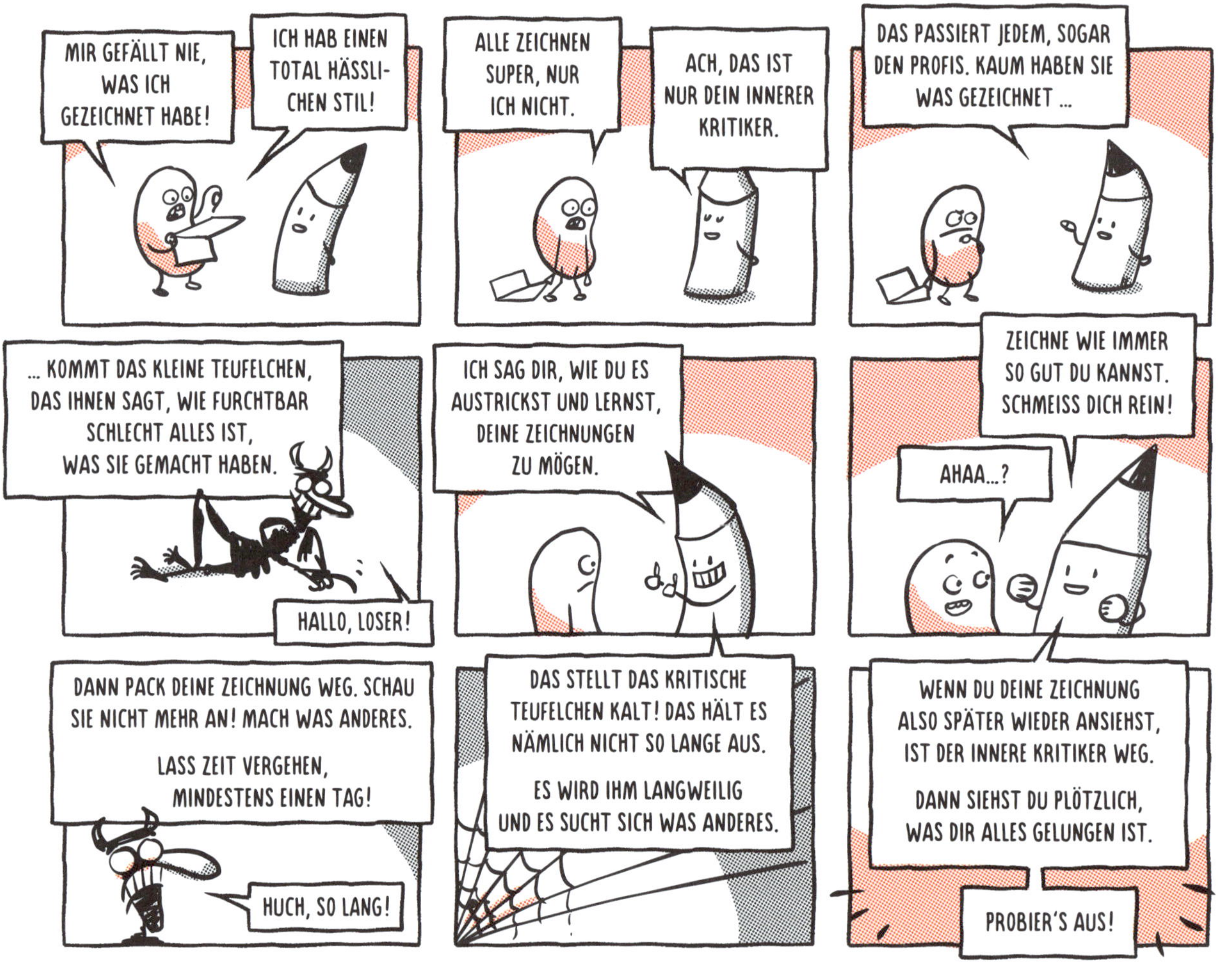

STIL IST ALLES, WAS MAN SCHON LANGE TUT.

Das gilt auch für deine eigene Handschrift. Sie entwickelt sich im Laufe der Zeit von alleine. Bis dahin kannst du schon mal eine Menge Geschichten zeichnen!

Das Gute ist, dein Publikum ist vor allem neugierig auf deine Geschichten. Wenn die gut zu lesen sind, nehmen sie deine Zeichnungen einfach so, wie sie sind.

KAPITEL 9: PLATZ FÜR DEINE EIGENEN COMIC-IDEEN

SCHLUSSWORT

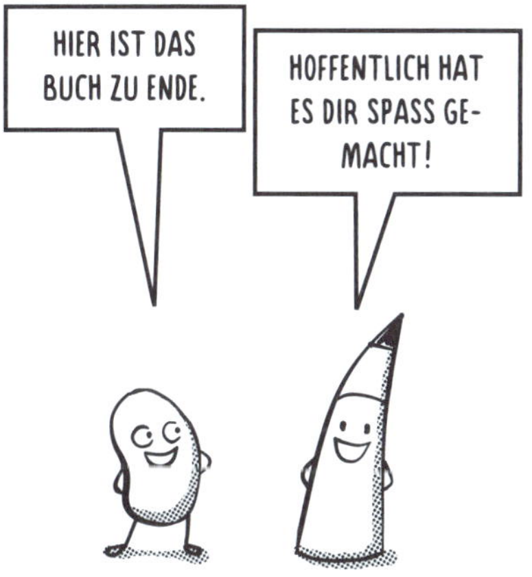

An dieser Stelle möchte ich die Menschen erwähnen, die mich bei der Umsetzung dieses Buches unterstützt haben:

- All die Studierenden, die in meinen Seminaren 1001 Fragen zum Comiczeichnen hatten und lauter tolle erzählenswerte Geschichten gezeichnet haben.
- Meine Familie und mein Freundeskreis, die an mich glauben und mir das zeigen.
- Die schlauen und witzigen Mitglieder von »Tisch 14«, dem Comiczeichnertreffen in Wien.
- Sabine Schulz, die immer freundliche Lektorin vom mitp-Verlag!
- Alle, die scharfäugig testgelesen und -gezeichnet haben: Lana, Leona, Nate, Michi, Mika, Sibylle und Ute.

Ich danke euch ganz herzlich!

Nina Dietrich

Anja Kaschte

Supersüße Figuren zeichnen

Das Mitmach-Buch

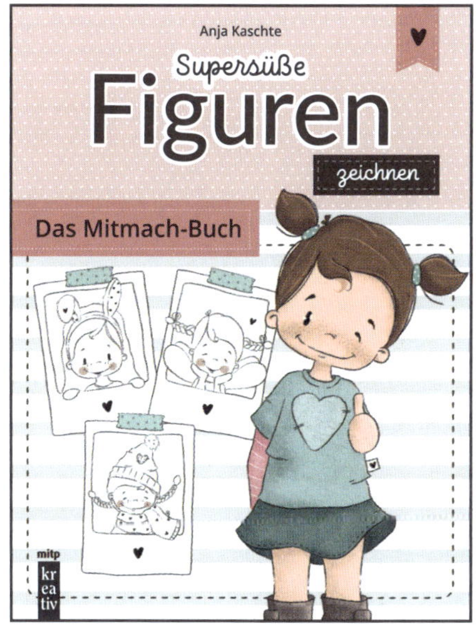

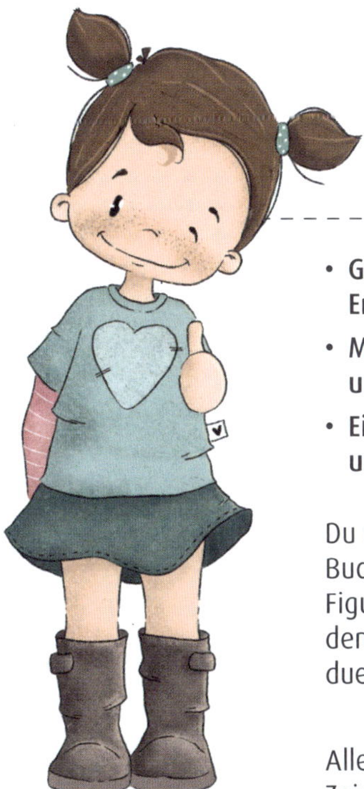

- Ganz einfach niedliche Figuren zeichnen für Kinder ab 6 Jahre und Erwachsene
- Mit zahlreichen Schritt-für-Schritt-Anleitungen zum Nachzeichnen und Mitmachen
- Eigene Charaktere erstellen mit unterschiedlichen Accessoires und Outfits

Du möchtest supersüße Figuren zeichnen? Anja Kaschte zeigt dir in diesem Buch, wie du Schritt für Schritt niedliche Figuren zeichnest. Anhand von 30 Figuren lernst du alle Details einer Figur kennen von Kopf bis Fuß, verschiedene Frisuren, Accessoires und Outfits. Jede Figur erzählt eine kleine individuelle Geschichte, so dass du lernst, unterschiedliche Charaktere zu erstellen.

Alle Schritt-für-Schritt-Anleitungen sind ganz einfach zum Mitmachen und für Zeichenanfänger geeignet.

Probekapitel und Infos erhalten Sie unter: **www.mitp.de/0847**

ISBN 978-3-7475-0847-3

Heike Haas

FIGUREN ZEICHNEN
AUS DER HÜFTE

Strichmännchen und Menschen schnell und einfach zeichnen

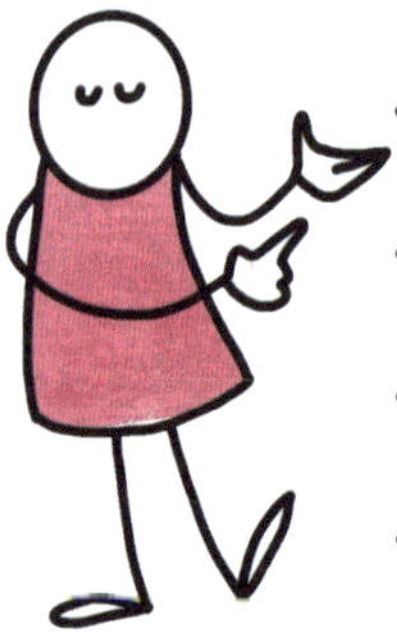

- Mit schnellen Strichen einfache Figuren zeichnen lernen
- Schwierige Details wie Hände oder Körperhaltungen meistern
- Eigene Charaktere erschaffen und Figuren mit weiteren Elementen in Szene setzen
- Zahlreiche Bildbeispiele und Zeichenvorlagen

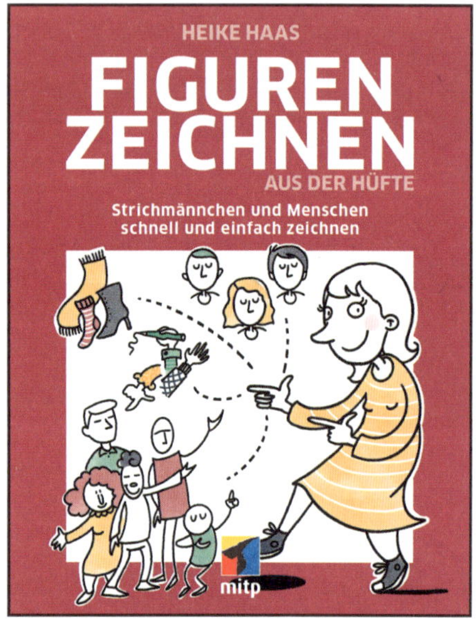

Du möchtest schnell und ganz einfach Figuren zeichnen, auch wenn du denkst, dass dir die Begabung dazu fehlt? Heike Haas zeigt dir Schritt für Schritt und detailliert das Zeichnen aller Körperteile vom Kopf über den Körper, Arme und Beine bis hin zu Händen und Füßen.

Du lernst, wie du Mimik und verschiedene Körperhaltungen und auch schwierige Handhaltungen, Finger und Fußstellungen darstellen kannst. So wirst du ermutigt, selbst deine ersten eigenen Charaktere und ausdrucks-starken Figuren zu erschaffen.

Außerdem findest du zahlreiche Beispiele für Kleidung und du erfährst, wie du deine Figuren mit weiteren Elementen in Szene setzt, sei es mit zusätzlichem Text oder durch Interaktion mit Gegenständen oder der Figuren untereinander.

So bist du bestens vorbereitet, um deine eigenen lebendigen Figuren zu zeichnen.

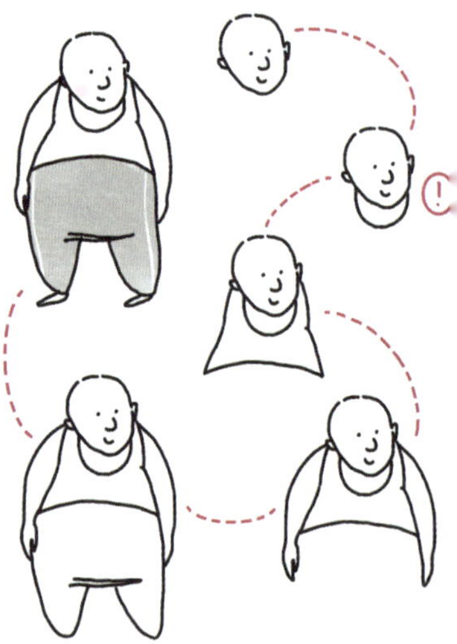

Probekapitel und Infos erhalten Sie unter: **www.mitp.de/0140**

ISBN 978-3-7475-0140-5